よくわかるFPシリーズ

合格テキスト

FP技能士1級

5 不動産

TAC FP講座 編

はじめに

　日常生活に役立つ知識を幅広く得られる資格、それがFP資格です。銀行、証券会社、保険会社等の金融業界を中心に、FP技能士2級は必須といわれるほど浸透した資格となりました。2級まで取得された方は、学習以前と比べて、視野が広がったことを実感されていることでしょう。さらにFPとしての専門知識が要求される場面で活きてくるのが1級です。

　FPの資格が活かせるのは、金融業界に限りません。独立してFP事務所を構え、お金の相談にかかわっていくには、やはり、1級レベルの知識が必要になってきます。学習した知識が実務に直結する、それがFP技能士1級なのです。

　そして、不動産は、「買う」「売る」「借りる」いずれの局面においても、大きな金額が動き、人生において一大決心のいるイベントとなります。また、相続や贈与、ローン等、相談の入り口はさまざまでも、最終的に不動産に話がいきつくのはよくあることです。このように、不動産の知識なくしてライフプランはありえません。しかし、不動産用語にはなじみがうすいものも多く、関連する法律もイメージがしにくいことからか、苦手とする受験生が多いようです。本書は、文章を読みやすくすることはもちろん、板書風の図を多用し、専門的な知識もイメージしやすいようにしました。しっかりと活用して、不動産を得意分野にしましょう。

　本書を最大限に活用することで、FP1級合格をつかみとり、将来の夢の実現につながることを心より祈念いたします。

2021年5月
TAC　FP講座

本書の特長・利用方法

PICK UP 1
出題傾向・全体像

章扉のページに過去6回分の出題状況を示してあります。出題されたテーマには☆印がついているので、重点的に学習しましょう。

重要論点を確認し、学習内容を把握しておきましょう。

PICK UP 2
図表・重要語句

図表や資料を多用して説明をわかりやすくまとめ、視覚的にもスムーズに理解できるようにしました。

重要な用語・内容を色付き文字で目立たせ、覚えるべき語句が把握しやすくなっています。

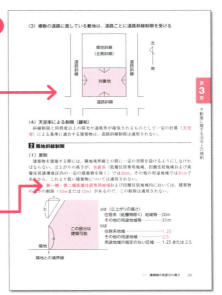

PICK UP 3

重要公式・POINT!

本試験で計算問題を解く際に重要となる公式には色付きのアミをかけて強調しています。

項目の最後に設けた **POINT!** で、覚えるべき事柄を把握しておきましょう。

PICK UP 4

チェックテスト

章末には、インプットした内容を確認できるように、〇×形式のチェックテストを掲載しています。簡潔にまとめられていますので、すばやく復習ができます。必ず解いてみましょう。

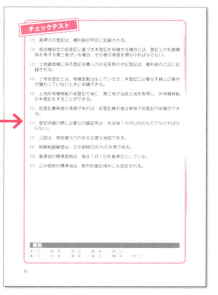

FP技能士・1級試験のしくみ

1級FP技能検定　試験概要

試験実施団体	金融財政事情研究会（金財）	
試験科目と出題形式	【学科試験】	基礎編　マークシート方式による筆記試験、四答択一式
		応用編　記述式による筆記試験
	【実技試験】	口頭試問形式
受検資格	①２級技能検定合格者で、FP業務に関し１年以上の実務経験を有する者、②FP業務に関し５年以上の実務経験を有する者、③厚生労働省認定金融渉外技能審査２級の合格者で、１年以上の実務経験を有する者	
試験日	【学科試験】	９月・１月・５月の年３回
	【実技試験】	６月・10月・２月の年３回
試験時間	【学科試験】	基礎編　10：00～12：30
		応用編　13：30～16：00
	【実技試験】	面接開始約15分前に設例配布、各面接の１人当たり所要時間は約12分
出題数と合格基準	【学科試験】	基礎編　50問、応用編　５題、200点満点で120点以上
	【実技試験】	異なる設例課題に基づき２回面接、200点満点で120点以上

1級試験お問い合わせ先	一般社団法人　金融財政事情研究会　検定センター https://www.kinzai.or.jp/ TEL 03-3358-0771

1級FP技能士とCFP®

- ２級FP技能検定合格者で１年以上のFP実務経験を有する者
- ５年以上のFP実務経験を有する者

FP技能士１級学科試験を受検・合格！

- AFP登録者
- FP協会が認めた大学で所定の単位を取得した者

CFP®資格審査試験を受検・合格！
↓
CFP®エントリー研修
↓
３年間の実務経験要件充足・日本FP協会登録により、CFP®として認定

実技試験を受検・合格！

１級FP技能士に！

目　次

はじめに …………………………………………………………………………… iii

本書の特長・利用方法 …………………………………………………………… iv

FP技能士・１級試験のしくみ ………………………………………………… vi

第1章　不動産の見方 ……………………………………………………… 1

1　登記事項証明書などの交付請求 ……………………………………… 2

2　不動産登記の効力 ……………………………………………………… 3

3　不動産登記の構成 ……………………………………………………… 4

4　仮登記の種類 …………………………………………………………… 9

5　仮登記の効力 …………………………………………………………… 11

6　登記識別情報 …………………………………………………………… 12

7　不動産の現地調査 ……………………………………………………… 13

8　不動産の各種価格 ……………………………………………………… 14

9　不動産の鑑定評価① …………………………………………………… 15

10　不動産の鑑定評価② …………………………………………………… 16

11　不動産の鑑定評価③ …………………………………………………… 17

12　不動産の鑑定評価④ …………………………………………………… 19

チェックテスト …………………………………………………………… 20

第2章　不動産の取引 ……………………………………………………… 21

1　宅地建物取引業法 ……………………………………………………… 22

2　媒介契約 ………………………………………………………………… 24

3　売買契約と取引の当事者 ……………………………………………… 25

4　手付金 …………………………………………………………………… 27

5　売買対象面積 …………………………………………………………… 29

6　危険負担 ………………………………………………………………… 30

7　契約不適合責任 ………………………………………………………… 31

8　住宅の品質確保の促進等に関する法律など ………………………… 32

9　借地借家法 ── 借地権① ……………………………………………… 33

10　借地借家法 ── 借地権② ……………………………………………… 34

11　借地借家法 ── 借地権③ ……………………………………………… 35

12　借地借家法 ── 借地権まとめ ………………………………………… 36

13　借地借家法 ── 旧借地権 ……………………………………………… 37

14　借地借家法 ── 普通借家権 …………………………………………… 38

15　借地借家法 ── 定期借家権 …………………………………………… 39

16　借地借家法 ── 普通借家契約および定期借家契約の共通事項 …… 40

チェックテスト …………………………………………………………… 41

第3章　不動産に関する法令上の規制 ………………………………… 43

1　都市計画法 ── 区域の指定 …………………………………………… 44

2　都市計画法 ── 都市計画の内容 ……………………………………… 45

目　次　　vii

3	都市計画法 —— 地域地区等	46
4	都市計画法 —— 開発許可制度	48
5	都市計画法 —— 都市計画施設等の区域内の建築規制	50
6	建築基準法 —— 建築確認	51
7	道路に関する制限	52
8	用途に関する制限	54
9	建蔽率制限	56
10	容積率制限	61
11	建築物の各部分の高さ	68
12	日影規制	71
13	防火地域・準防火地域	72
14	（参考）一定の複数建築物に対する制限の特例（連坦建築物設計制度）	74
15	建築協定	76
16	その他の制限	77
17	国土利用計画法	78
18	農地法	81
19	生産緑地法	83
20	土地区画整理法	84
21	区分所有法（建物の区分所有等に関する法律）	87
	チェックテスト	92

第4章　不動産の取得・保有に係る税金　93

1	不動産取得税	94
2	登録免許税	97
3	消費税	99
4	印紙税	100
5	固定資産税	102
6	都市計画税	105
7	（参考）居住用超高層建築物に係る課税の見直し	106
	チェックテスト	107

第5章　不動産の譲渡に係る税金　109

1	土地建物の譲渡所得の計算	110
2	譲渡所得の計算の特例 —— 固定資産の交換の特例	113
3	譲渡所得の計算の特例 —— 3,000万円の特別控除	118
4	譲渡所得の計算の特例 —— 軽減税率の特例	120
5	譲渡所得の計算の特例 —— 特定の居住用財産の買換えの特例	122
6	譲渡所得の計算の特例 —— 特定の事業用資産の譲渡の特例	126
7	譲渡所得の計算の特例 —— 既成市街地等内における中高層耐火建築物建設の特例	129
8	譲渡所得の計算の特例 —— 等価交換方式に適用する特例	131
9	譲渡所得の計算の特例 —— 収用等による資産の譲渡の特例	132
10	空き家に係る譲渡所得の特別控除の特例	135
11	譲渡所得の計算の特例 —— 同一年中に特別控除の適用が2つ以上ある場合の特例	136

12 譲渡による損失の取扱い —— 譲渡による損失と損益通算の可否 ················· 137
13 譲渡所得の計算の特例
　　—— 居住用財産の買換え等の場合の譲渡損失の損益通算および繰越控除 ········ 138
14 譲渡所得の計算の特例
　　—— 特定居住用財産の譲渡損失の損益通算および繰越控除 ····················· 140
15 （参考）法人の不動産譲渡と税金 —— 圧縮記帳 ····························· 141
16 （参考）法人の不動産譲渡と税金
　　—— 交換により取得した固定資産の圧縮記帳 ······························· 142
17 （参考）法人の不動産譲渡と税金
　　—— 収用等により取得した固定資産の圧縮記帳 ··························· 144
　　チェックテスト ··· 146

第6章　不動産の貸付けに係る税務 ····················· 147

1 不動産所得 ··· 148
2 消費税 ··· 151
3 借地権の税務 ··· 152
4 貸宅地の整理 ··· 154
　　チェックテスト ··· 156

第7章　不動産の有効活用 ································· 157

1 建築に関する実務 ··· 158
2 有効活用の実務 ··· 160
3 有効活用の手法 —— （参考）自己建設方式・事業受託方式 ··············· 164
4 有効活用の手法 —— （参考）土地信託方式 ··························· 166
5 有効活用の手法 —— 等価交換方式 ································· 169
6 有効活用の手法 —— 定期借地権方式 ······························· 170
7 有効活用の手法 —— （参考）共同開発 ····························· 171
　　チェックテスト ··· 172

第8章　不動産の証券化 ································· 173

1 証券化の背景・形態 ··· 174
2 証券化関連の法律 ··· 175
3 不動産投資信託 ··· 177
4 不動産の投資判断 —— 不動産の評価方法 ······························· 179
　　チェックテスト ··· 184

索引 ·· 186

目　次　ix

第1章

不動産の見方

過去の出題状況	2019.1	2019.5	2019.9	2020.1	2020.9	2021.1
不動産登記記録の調査		☆	☆		☆	
仮登記	☆				☆	
地図・公図・その他図面					☆	
現地調査						
不動産の各種価格						
鑑定評価の諸原則						
鑑定評価の基本的事項						
価格の鑑定評価			☆			

1．不動産登記記録の調査

　不動産の権利関係の調査は、まず登記記録を調べることから始まる。

2．仮登記

　本登記ができない場合に、将来の本登記のために順位を保全しておく登記を仮登記という。

3．現地調査

　不動産登記記録には、不動産の内容や権利関係がすべて正確に記録されているとはいえず、現地調査が必要となる。

1 登記事項証明書などの交付請求

　不動産の登記記録を調査する場合、「登記事項証明書」による調査と「登記事項要約書」のいずれかによる。

　「登記事項証明書」には証明力があり、これまでの履歴を含めた記録が証明される「全部事項証明書」、現に効力のある部分のみを証明した「現在事項証明書」、共有不動産などで権利部の一部（例えば甲区の順位番号2番など）を証明した「何区何番事項証明書」などがある。

　また、登記記録の概要を記載した「登記事項要約書」の交付を受けることもできるが、これは登記が電子化される前の閲覧に代わるもので証明力はない。

　登記記録の請求方法には、窓口での請求、郵送による請求、オンラインでの請求があり、「全部事項証明書」と「現在事項証明書」は、いずれの方法でも請求できる。オンライン請求は全国の不動産に対し行うことができ、郵送で受け取るか、または指定した登記所で受け取ることができる。なお、インターネットの画面上での調査もできる。

　いずれの方法でも当該不動産を管轄している登記所に対し、証明書の交付を請求できるが、「登記事項要約書」は、当該不動産を管轄している登記所の窓口でのみの請求となる。

　「登記事項証明書」や「登記事項要約書」の請求は、誰でもできる。

　また、登記所では、地図や公図、地積測量図や建物図面などの調査をすることができる。

① 　地図：不動産登記法14条に基づく地図であり、一筆または二筆以上の土地ごとに作成される。現地復元力のある精度の高い図面であるが、備え付けられていないところも多い。

② 　公図：地図に準ずる図面として備え付けられているが、精度は高くない。

③ 　地積測量図と建物図面：地積測量図は、土地を測量し、土地の表示登記や分筆登記の申請をする際に提出される図面である。正確であるが、すべての土地に備え付けられているわけではない。

　建物図面も同様で、建物の表示登記などの申請の際に提出される図面であるが、こちらもすべての建物に備え付けられているわけではない。

POINT!

登記事項証明書の種類を覚えること。

2 不動産登記の効力

1 対抗力

　所有権や抵当権など、不動産の権利を第三者に対抗、つまり主張するためにに登記が必要となる。原則として、先に権利の登記を済ませたものが、後順位者に対して自分の権利を主張できる。

■例
　　Aは自己所有の土地を、BおよびCへ二重に売却した。

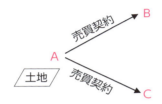

　　◎この場合、B・Cのいずれか先に所有権の登記を済ませたものが、所有権を対抗できる。

2 公信力

　公信力とは、登記など権利を推測させるような外形がある場合、実際に真実の権利がない場合でも、外形を信じて取引するものに対して、法律の効果を生じさせる効力をいう。

　不動産登記には公信力がないため、たとえば不動産登記を信じて真の所有者でないものと取引をした場合に、買主は所有権を取得できないことがある。

POINT!

不動産登記をすることで第三者に対抗できる。
不動産登記に公信力はない。

3 不動産登記の構成

不動産登記記録は、表題部および権利部に区分して作成される。さらに権利部は、甲区および乙区に区分される。

1 表題部

表題部には、表示に関する登記が記録される。

土地については、所在や地番、地目、地積などが記録される。

なお、地番と「住居表示に関する法律」により付される住居表示は、常に一致するわけではない。

建物については、所在や家屋番号、建物の種類、構造、床面積、附属建物の表示などが記録される。

土地表題登記や分筆、合筆の登記、建物の表題登記や増改築の登記など、表題部の登記は土地家屋調査士に依頼する。

なお、建物の面積は、区分所有建物以外の建物は、壁その他の区画の中心線で囲まれた部分の水平投影面積（壁芯面積）により、マンションなどの区分所有建物は、壁その他の区画の内側線で囲まれた部分の水平投影面積（内法面積）により計算する。

（注）表示に関する登記は申請義務があり、新築や滅失後、1カ月以内に申請しなければならない。

2 権利部

権利部は、甲区と乙区に分かれ、甲区には所有権に関する事項として、所有権の保存、所有権の移転、所有権の差押、所有権の仮登記、所有者の氏名変更、買戻しの特約※1などの付記登記が記録される。

乙区には所有権以外の権利に関する事項として、抵当権や根抵当権※2、地上権、賃借権、地役権、永小作権、質権、先取特権、採石権および所有権以外の仮登記や権利者の氏名変更などの付記登記が記録される。

権利部の登記は、司法書士に依頼する。

権利に関する登記を申請する場合は、登記原因を証する情報（売買契約書など。なお、登記識別情報は登記原因を証する情報ではない。）を添付しなければならない。

また、所有権移転登記や合筆の登記などを申請する際に必要な印鑑証明は、作成後3カ月以内のものでなければならない。

※1　買戻しの特約とは、一定期間後に代金を支払うことで買い戻すことができるよう定めた特約をいう。

※2　根抵当権とは、継続する取引から発生する債権を極度額の範囲で担保する抵当権のこと。

3 共同担保目録

　同一の債権の担保として、複数の不動産に抵当権などの権利が設定される場合に、登記官が作成する担保となっている不動産の目録のこと。例えば、土地の調査をするときに、土地上の建物も同一の債権の担保として抵当権が設定されている場合、共同担保目録で確認できる。

POINT!

所有権の差押えの記録は甲区に記録される。
仮登記や氏名変更の付記登記はそれぞれの相当区に記録される。

3　不動産登記の構成　　5

■登記事項証明書（土地）

1

表題部	（土地の表示）	調製	余白		不動産番号	0000000000000

地図番号	余白	筆界特定	余白

所　在	特別区南都町一丁目		余白

① 地番	② 地目	③ 地 積 ㎡	原因及びその日付〔登記の日付〕
１０１番	宅地	３００ ００	不詳 〔平成２８年１０月１４日〕

所有者	特別区南都町一丁目１番１号　甲野太郎

権 利 部 （甲区）　（所有権に関する事項）

順位番号	登記の目的	受付年月日・受付番号	権利者その他の事項
１	所有権保存	平成２８年１０月１５日 第６３７号	所有者　特別区南都町一丁目１番１号 甲野太郎
２	所有権移転	平成２８年１０月２７日 第７１８号	原因　平成２８年１０月２６日売買 所有者　特別区南都町一丁目５番５号 法務五郎

権 利 部 （乙区）　（所有権以外の権利に関する事項）

順位番号	登記の目的	受付年月日・受付番号	権利者その他の事項
１	抵当権設定	平成２８年１１月１２日 第８０７号	原因　平成２８年１１月４日金銭消費貸借同日 設定 債権額　金４，０００万円 利息　年２・６０％（年３６５日日割計算） 損害金　年１４・５％（年３６５日日割計算） 債務者　特別区南都町一丁目５番５号 法務五郎 抵当権者　特別区北都町三丁目３番３号 　株式会社南北銀行 　（取扱店　南都支店） 共同担保　目録（あ）第２３４０号

共 同 担 保 目 録

記号及び番号	（あ）第２３４０号		調製	平成２８年１１月１２日

番 号	担保の目的である権利の表示	順位番号	予 備
１	特別区南都町一丁目　１０１番の土地	１	余白
２	特別区南都町一丁目　１０１番地　家屋番号 １０１番の建物	１	余白

これは登記記録に記録されている事項の全部を証明した書面である。
平成２９年３月２７日
関東法務局特別出張所
　　　　　　　　　　　　　　　　　登記官　　　　　　　　　　法 務 八 郎

(注)下線のあるものは抹消事項であることを示す。

整理番号　Ｄ２３９９２　（1／1）1／1

■登記事項証明書（建物）

2

表　題　部　　（主である建物の表示）	調製	余 白		不動産番号	0000000003000

所在図番号	余 白		

所　　在	特別区南都町一丁目　101番地		余 白

家屋番号	101番地		余 白

① 種　類	② 　構　　造	③ 　床　面　積　　㎡	原因及びその日付〔登記の日付〕
居宅	木造かわらぶき2階建	1階　　　80：00 2階　　　70：00	平成28年11月1日新築 〔平成28年11月12日〕

表　題　部　　（附属建物の表示）				

符号	① 種類	② 　構　造	③ 　床　面　積　　㎡	原因及びその日付〔登記の日付〕
1	物置	木造かわらぶき平屋建	30：00	〔平成28年11月12日〕

所　有　者	特別区南都町一丁目5番5号　法　務　五　郎

権　利　部　（甲区）　　（所　有　権　に　関　す　る　事　項）			
順位番号	登　記　の　目　的	受付年月日・受付番号	権　利　者　そ　の　他　の　事　項
1	所有権保存	平成28年11月12日 第806号	所有者　特別区南都町一丁目5番5号 法　務　五　郎

権　利　部　（乙区）　　（所　有　権　以　外　の　権　利　に　関　す　る　事　項）			
順位番号	登　記　の　目　的	受付年月日・受付番号	権　利　者　そ　の　他　の　事　項
1	抵当権設定	平成28年11月12日 第807号	原因　平成28年11月4日金銭消費貸借同日 設定 債権額　金4,000万円 利息　年2・60％（年365日日割計算） 損害金　年14・5％（年365日日割計算） 債務者　特別区南都町一丁目5番5号 法　務　五　郎 抵当権者　特別区北都町三丁目3番3号 　株　式　会　社　南　北　銀　行 　（取扱店　南都支店） 共同担保　目録(あ)第2340号

共　同　担　保　目　録					
記号及び番号	(あ)第2340号			調製	平成28年11月12日

番　号	担保の目的である権利の表示	順位番号	予　　　備	
1	特別区南都町一丁目　101番の土地	1	余 白	
2	特別区南都町一丁目　101番地　家屋番号 101番の建物	1	余 白	

（注）　下線のあるものは抹消事項であることを示す。　　　　整理番号　D23990　　（2／2）　　　1／2

3　不動産登記の構成　　　7

■登記事項証明書（区分所有建物）

3

専有部分の家屋番号	3-1-101　3-1-102　3-1-201　3-1-202

表題部　（一棟の建物の表示）

調製　余白　　　　所在図番号　余白

所　　在	特別区南都町一丁目　3番地1	余白
建物の名称	ひばりが丘一号館	余白

①　種　　類	②　床　面　積　　㎡	原因及びその日付〔登記の日付〕
鉄筋コンクリート造陸屋根2階建	1階　　300：60 2階　　300：40	〔平成28年11月11日〕

表題部　（敷地権の目的である土地の表示）

①土地の符号	②　所　在　及　び　地　番	③地目	④　地　積　　㎡	登　記　の　日　付
1	特別区南都町一丁目3番地1	宅地	350：76	平成28年11月11日

表題部　（専有部分の建物の表示）

不動産番号　0000000000000

家屋番号	特別区南都町一丁目3番地1の101	余白
建物の名称	R10	余白

①　種類	②　構　造	③　床　面　積　　㎡	原因及びその日付〔登記の日付〕
居宅	鉄筋コンクリート造1階建	1階部分　150：42	平成28年11月7日新築 〔平成28年11月11日〕

表題部　（敷地権の表示）

①土地の符号	②敷地権の種類	③　敷　地　権　の　割　合	原因及びその日付〔登記の日付〕
1	所有権	4分の1	平成28年11月7日新築 〔平成28年11月11日〕

所有者	特別区南都町一丁目2番3号　株式会社甲不動産

権　利　部　（甲　区）　（所有権に関する事項）

順位番号	登　記　の　目　的	受付年月日・受付番号	権　利　者　そ　の　他　の　事　項
1	所有権保存	平成28年11月12日 第771号	原因　平成28年11月11日売買 所有者　特別区南都町一丁目1番1号 　　　甲　野　一　郎

権　利　部　（乙　区）　（所有権以外の権利に関する事項）

順位番号	登　記　の　目　的	受付年月日・受付番号	権　利　者　そ　の　他　の　事　項
1	抵当権設定	平成28年11月12日 第772号	原因　平成28年11月12日金銭消費貸借同日設定 債権額　金4,000万円 利息　年2・60％（年365日日割計算） 損害金　年14・5％（年365日日割計算） 債務者　特別区南都町一丁目1番1号 　　　甲　野　一　郎 抵当権者　特別区北都町三丁目3番3号

（注）　下線のあるものは抹消事項であることを示す。　　　整理番号　D23991　　（1／1）　　1／2

4 仮登記の種類

　仮登記は、本登記をすることができない場合に行う登記で、1号仮登記と2号仮登記がある。

1 仮登記の種類

（1） 1号仮登記
　権利の変動は**生じている**が、**本登記に必要な手続上の要件が備わっていない**場合に行う仮登記。例えば、売買契約を締結し、引渡しも済んでいるが、登記申請に必要な書類の不備などにより本登記ができない場合。

■1号仮登記の例

◎所有権は現実にBに移転しているが、書類等に不備があり本登記できないケース。不備が解消した段階で本登記をする。

（2） 2号仮登記
　権利の変動は**生じていない**が、**将来において物権変動を生じさせる請求権が発生**しており、その**権利を保全**するために行う仮登記。
　例えば、2年後に代金支払いを条件に不動産を買うという売買予約契約を締結し、その将来買う権利を保全しておく場合。

■2号仮登記の例

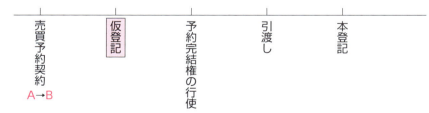

◎将来の予約完結権の行使、つまりBが予約完結権を行使する権利を保全するための仮登記。

2 仮登記の申請

　原則は、仮登記義務者（売買の場合の売主）と仮登記権利者（売買の場合の買主）との共同申請によるが、以下の場合は仮登記権利者が単独で申請できる。
① 　仮登記義務者の承諾があるとき
② 　裁判所の判決があるとき
③ 　裁判所の仮登記を命ずる処分があるとき

3 仮登記を本登記にする手続き

　仮登記義務者と仮登記権利者との共同申請により行う。
　所有権に関する仮登記を本登記にする場合に、登記上の利害関係を有する第三者がいるときには、第三者の承諾が必要である。なお、抵当権など所有権以外の仮登記を本登記にする場合は第三者の承諾は不要である。

4 仮登記の抹消

　仮登記名義人が単独で行うことができる。また、仮登記名義人の承諾があれば、仮登記の登記上の利害関係人が単独で抹消の申請ができる。

POINT!

１号仮登記は手続き上の不備、２号仮登記は将来の請求権の保全。

5 仮登記の効力

1 仮登記と対抗力

仮登記に対抗力はなく、権利を仮登記しているだけでは、第三者に対抗できない。
例えば、売主A・買主Bとして所有権移転の仮登記がなされていても、その後に不動産の買主になったCが所有権移転の本登記ができるということである。仮登記の後に、抵当権や地上権などの本登記も同様に可能である。

2 仮登記と順位保全

仮登記のままでは対抗力はないが、仮登記に基づいて本登記をすると、仮登記の順位番号で本登記がなされたことになり、仮登記に基づく本登記の内容に抵触する登記は効力を失う。
なお、順位番号とは、甲区、乙区それぞれに付されている番号で、古い順に1、2、3……とつけられる。同区間の優劣は、順位番号により決定する。

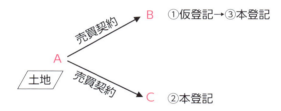

◎①の仮登記がされた後に②の本登記ができるが、③の本登記をすることにより、③の内容と抵触する②の本登記は効力を失う。

3 仮登記の記録される相当区

所有権の仮登記は甲区に、所有権以外の仮登記は乙区に記録される。
したがって、抵当権や地上権、賃借権などの仮登記は乙区に記録される。

POINT!

仮登記は対抗力を有しないが、順位を保全する効力がある。
所有権以外の権利の仮登記は、乙区に記録される。

6 登記識別情報

1 登記識別情報とは

　登記をすると登記申請人に対してのみ、登記識別情報が通知される。これは、12桁の英数字であらわされるもので、例えば、売買契約により不動産の所有権移転登記をすると、登記権利者である買主に対して通知される。その後登記名義人が当該不動産を譲渡し、登記義務者として登記手続きをする際に、登記名義人自らが登記を申請していることを確認するために用いられる。

　登記識別情報は、通知を希望しない場合には通知されない。

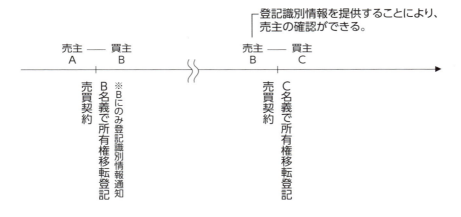

2 事前通知制度

　登記申請人である登記義務者が登記識別情報を提供できないときは、登記官から登記義務者に対して、登記の申請をしたかどうかの事前の通知をすることにより本人確認がなされる。

　なお、司法書士、弁護士などの登記申請の代理を業とするものにより、登記申請者が本人である旨の確認がされた場合は、事前通知はされない。

POINT!

登記義務者が登記識別情報を提供できない場合、本当に登記申請をしているかを確認するため、事前通知制度がある。

7 不動産の現地調査

1 権利関係の確認

（1）土地の所有者と建物の所有者が異なる場合

建物の所有者が借地権者である可能性がある。

建物所有を目的として、他人の土地を利用する権利を借地権というが、借地権には、地上権によるものと土地賃借権によるものがある。

地上権による借地権は、地上権の登記をする際、地主に協力義務があるが、土地賃借権による場合は地主に協力義務はなく、土地賃借権自体の登記はされていないことが多い。その場合、土地賃借権による借地権の設定された土地上の建物を借地権者名義で登記をすることにより、土地賃借権を第三者に対抗できる。そのため、土地賃借権の登記がない場合でも、取得した土地の利用は制限される。

（2）建物の所有者と入居者が異なる場合

入居者が建物を賃貸している可能性がある。建物賃借権は、登記をしていなくても引渡しにより第三者に対抗できるので、取得した建物の利用は制限される。

（3）担保物権が存在する場合

不動産の売主が、借入などの際に当該不動産を担保にしていることがある。

なお、担保物権には、一定の要件に合致すれば法律上当然に成立する法定担保物権と、契約により成立する約定担保物権があり、法定担保物権には留置権と先取特権、約定担保物権には抵当権と質権がある。

2 公道に至るための他の土地の通行権（囲繞地通行権）

道路に通じない袋地（囲繞地）の所有者には道路に出るために隣地を通行する権利がある。ただし、通行については損害が最も少なくなるように通路を開設しなければならず、損害が生じたときは、償金を支払う必要がある。

また、袋地が分割により生じたときは、他の分割された土地だけを通行でき、その場合はたとえ損害が生じても償金を支払う必要はない。

POINT!

担保物件には、先取特権などの法定担保物権と抵当権などの約定担保物権がある。

8 不動産の各種価格

■不動産の公的価格の種類

種　別	決定機関	基準日	発表日	目　的	価格水準
公　示　価　格	国土交通省（土地鑑定委員会）	毎年1月1日	3月下旬	土地取引の指標や公共用地取得の際の補償金の算定の基礎	100%
基準地標準価格	都道府県	毎年7月1日	9月下旬	公示価格の補完	100%
相続税評価額（路　線　価）	国　税　庁	毎年1月1日	7月上旬	相続税、贈与税算出の基礎	80%
固定資産税評価額	市　町　村（23区については都）	基準年度（3年ごと）の前年の1月1日	3月1日基準年度は4月1日	固定資産税、不動産取得税などの算出の基礎	70%

① 公示価格は、都市計画区域外の土地取引が相当程度見込まれる区域にも指定される。

② 基準地標準価格の基準地は、一部公示価格の標準地と同一地点にも設定されている。

③ 固定資産課税台帳は、本人または代理人に加え、借地権者や借家権者も借地権または借家権の対象となっている不動産について閲覧できる。

④ 不動産鑑定士が公示地内で鑑定評価を行う場合には、公示価格を規準としなければならない。

POINT!

公示価格を100％とした場合、相続税路線価は80％、固定資産税評価額は70％の水準とされる。

9 不動産の鑑定評価①

不動産の鑑定評価は、不動産鑑定士が行う。

1 不動産の価格に関する諸原則

不動産の価格形成には、さまざまな原則がある。以下はその主なものである。

（1）最有効使用の原則

不動産の価格は、その不動産の効用が最高度に発揮される可能性に最も富む使用を前提として把握される価格を標準として形成されるとする原則。

例えば不動産を売買する場合、その不動産で最も高い収益を上げること（最有効使用）ができるものが、最も高い価格を提示することができるので、それを前提に不動産価格は形成されるという考え方。

（2）変動の原則

不動産はさまざまな価格形成要因の組合わせで決まるが、その要因の変動により不動産の価格も変動するという原則。

POINT!

最有効使用の原則とは、その不動産を最も有効使用した場合を前提として価格が形成されるという原則。

10 不動産の鑑定評価②

1 地域分析

不動産がどのような地域にあるかということは、不動産価格に影響する。そこで、対象不動産の属する地域の特性などを分析し、鑑定評価を行う。

(1) 近隣地域

対象不動産の属する用途的地域で、より大きな規模と内容を持つ地域である都市あるいは農村等の内部にあり、居住、商業活動、工業生産活動など、人の生活と活動とに関して、ある特定の用途に供されることを中心として地域的にまとまりを示している地域をいい、対象不動産の価格の形成に関して直接に影響を与えるような特性を持つものと定義される。

例えば、対象不動産がある都市の住宅地に存在する場合、その住宅地の分析をすることで、価格評価の手がかりになる。

(2) 類似地域

近隣地域の属性と類似する特性を有する地域をいう。

(3) 同一需給圏

一般に対象不動産と代替関係が成立して、その価格の形成について、相互に影響を及ぼすような関係にある他の不動産の存する圏域をいう。

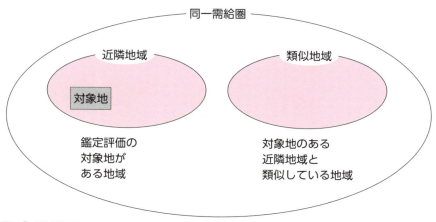

POINT!

近隣地域とは対象不動産の存する地域、類似地域とは近隣地域と類似した特性を持つ地域をいう。

11 不動産の鑑定評価③

1 鑑定評価の価格の種類

不動産の鑑定評価によって求める価格には、正常価格、限定価格、特定価格および特殊価格がある。

(1) 正常価格
正常価格とは、市場性を有する不動産について、合理的な市場で形成されるであろう市場価値を表示する適正な価格をいう。

(2) 限定価格
限定価格とは、市場性を有する不動産について、借地権者が底地を取得する場合等、市場が相対的に限定される場合において、市場価値を適正に表示する価格をいう。

例えば、底地は借地権の設定されている土地の権利であり、底地を取得しても利用することはできないため、高い価格で売却することは難しい。しかし、借地権者が底地を取得するとその土地は所有権になり、通常、借地と底地を合計した価格より高くなるため、底地も相場より高い価格で取引されることがある。

また、隣地を併合する場合なども同様に、相場より高い価格で取引されることがある。これらを限定価格という。

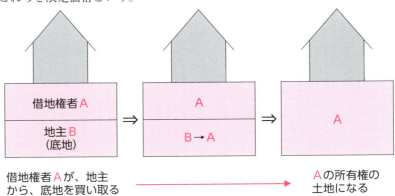

（3）特定価格

　特定価格とは、市場性を有する不動産について、法令などによる社会的な要請を背景とする評価目的の下で、正常価格の前提となる諸条件を満たさない場合における不動産の経済価値を適正に表示する価格をいう。

　例えば、不動産投資信託の評価のための鑑定など、資産の流動化に関する法律または投資信託および投資法人に関する法律に基づく評価目的の下で、投資家に示すために投資採算価値を表す価格を求める場合や、民事再生法に基づく評価目的の下で、早期売却を前提とした価格を求める場合などに用いられる。

（4）特殊価格

　特殊価格とは、文化財などの一般的に市場性を有しない不動産について、その利用現況等を前提とした不動産価値を適正に表示する価格をいう。

POINT!

限定価格とは、限定された相手との間で形成される価格、特殊価格とは、神社仏閣などの文化財を鑑定するときの価格である。

12 不動産の鑑定評価④

1 不動産の価格の鑑定評価

不動産の鑑定評価に用いられる方式には、原価法、取引事例比較法、収益還元法の基本となる3つの手法があり、これらを案件に即して適切に複数の方式を適用すべきものとされている。

（1）原価法―積算価格

対象不動産の再調達原価（同等のものを再調達するのに必要な価格）を求め、減価修正（経年劣化など価値の下落分）を行って対象不動産の価格を求める手法。

対象不動産が建物の場合に多用されるが、土地であっても造成地や埋立て地など、再調達原価が適正に見積もることができれば適用できる。

（2）取引事例比較法―比準価格

多数の取引事例のなかから適切な事例の選択を行い、これらの取引価格を基に、条件の違いを必要に応じて補正、修正などを行って価格を求める手法。

（3）収益還元法―収益価格

不動産が将来生み出すと期待される純収益の現在価値の総和を求めることにより不動産の価格を求める手法。自用の不動産についても、賃貸を想定することにより適用できる。

POINT!

価格の鑑定評価には3つの方式があり、物件に応じて適切に複数の方式を用いて評価すべきものとされている。

12　不動産の鑑定評価④　　19

チェックテスト

(1) 差押えの登記は、権利部の甲区に記録される。

(2) 抵当権設定の仮登記に基づき本登記を申請する場合には、登記上の利害関係を有する第三者がいる場合、その者の承諾を得なければならない。

(3) 土地賃借権に係る登記名義人の氏名変更の付記登記は、権利部の乙区に記録される。

(4) 2号仮登記とは、物権変動は生じているが、本登記に必要な手続上の要件が備わっていないときに申請できる。

(5) 土地所有権移転の仮登記の後に、第三者が当該土地を取得し、所有権移転の本登記をすることができる。

(6) 仮登記義務者の承諾があれば、仮登記権利者は単独で仮登記の申請ができる。

(7) 登記申請の際に必要な印鑑証明は、作成後1カ月以内のものでなければならない。

(8) 公図は、現地復元力のある正確な地図である。

(9) 相続税路線価は、公示価格の80％の水準である。

(10) 基準地の標準価格は、毎年1月1日を基準日としている。

(11) 公示価格の標準地は、都市計画区域外にも設定される。

解答

(1)	○	(2)	×	(3)	○	(4)	×	(5)	○		
(6)	○	(7)	×	(8)	×	(9)	○	(10)	×	(11)	○

第2章

不動産の取引

過去の出題状況	2019.1	2019.5	2019.9	2020.1	2020.9	2021.1
宅地建物取引業法	☆		☆	☆		☆
媒介契約						
売買契約と取引の当事者						
手付金						☆
瑕疵担保責任 （2020.4～契約不適合責任）						
売買対象面積						
筆界特定制度						
借地権		☆	☆			☆
借家権				☆		

1．宅地建物取引業法
　宅地建物取引業者が守るべきルール。

2．売買契約と取引の当事者
　手付金や契約不適合責任など売買契約の留意点。

3．借地借家法
　土地や建物を貸借する際の法律。

1 宅地建物取引業法

1 宅地建物取引業の免許

宅地や建物の取引を業として、次の行為を行う場合には、宅地建物取引業の免許が必要となる。
① 売買・交換
② 売買・交換・貸借の代理
③ 売買・交換・貸借の媒介

貸借の媒介や代理をする場合には、免許を必要とするが、自らが契約の当事者として貸す場合、つまり自分のものを貸す場合や自分の借りたものを転貸（また貸し）する場合、免許は不要である。

2 宅地建物取引士の設置義務

宅地建物取引業者は、事務所ごとに業務に従事するもの5人に1人以上、専任の成年である宅地建物取引士を設置しなければならない。

また、案内所には、業務に従事するものの数にかかわらず1人以上の設置が必要である。

3 宅地建物取引士の職務

以下の業務は、宅地建物取引士でなければ行うことができない。

ただし、その事務所に専任の宅地建物取引士でなくてもよい。
① 重要事項の説明
② 重要事項説明書への記名押印
③ 売買契約書（いわゆる37条書面）への記名押印

4 重要事項の説明

宅地建物取引業者は、宅地建物の売買、交換、貸借に際し、契約締結前に権利取得者（売買契約では買主、賃貸契約では借主）に対し、書面にて宅地建物取引士に重要事項の説明をさせなければならない。

なお、権利取得者が宅地建物取引業者の場合は、書面の交付をすれば説明は不要である。

宅地建物取引士は、説明の際に宅地建物取引士証を提示しなければならない。

説明する場所についての定めはなく、事務所等に限らない。

5 業務上の規制（主なもの）

（1）事務所等以外の場所で行った買受けの申し込みの撤回等（クーリングオフ）

　宅地建物取引業者が自ら売主となり、宅地建物取引業者でないものが買主の場合に買主が事務所等以外の場所で買受けの申込みや売買契約を締結した場合、書面により申込みや売買契約の解除ができる。

　ただし、次の場合は撤回できない。

① 事務所等で買受けの申込みや売買契約を締結した

② 申込みの撤回ができる旨の説明を書面で受けてから8日を経過した

③ 不動産の引き渡しを受け、かつ、代金の全額を支払った

上記内容に反して買主に不利な特約は無効である。

（2）損害賠償額の予定等の制限

　宅地建物取引業者が自ら売主となり、宅地建物取引業者でないものが買主の場合、損害賠償の予定や違約金の定めをする場合、これらの合算額が売買代金の2割を超えることはできず、超えた部分は無効となる。

（3）報酬額の制限

　宅地建物取引業者が依頼者から受領できる報酬額には上限があり、この金額を超える報酬を請求することは禁止されている。

例：2,000万円の売買代金の土地の媒介で売主から受領できる報酬額の上限

　　2,000万円×3％＋6万円＝66万円＋消費税

　・代理の場合はこの計算の2倍が上限となる。

※ 空家等の売買または交換の媒介における特例

　空家等の媒介で現地調査等の費用を要するものについては、売主もしくは交換をするものから、当該調査費用等を加算して受領することができる。ただし、報酬と合計して8万円が限度となる。

（4）既存の建物の取引における情報提供（インスペクション）

① 宅地建物取引業者は、既存の建物の売買または交換の媒介の契約を締結したときは、建物状況調査（インスペクション）を実施するもののあっせんに関する事項を記載した書面を依頼者に交付しなければならない。

② 宅地建物取引業者は、既存の建物の取得者または借主となるものに対して、建物状況調査の結果の概要ならびに建物の建築および維持保全の状況に関する書類の保存状況について、重要事項の説明をしなければならない。

③ 宅地建物取引業者は、既存の建物の売買または交換の契約が成立したときは、建物の構造耐力上主要な部分等の状況について37条書面に記載しなければならない。

POINT!

宅地建物取引士の職務は、その事務所に専任でない宅地建物取引士も行うことができる。

1　宅地建物取引業法　23

2 媒介契約

　宅地建物取引業者は、媒介契約を締結したときは遅滞なく、一定の事項を記載した書面（媒介契約書）を依頼者に交付しなければならない。

1 媒介契約の種類

　いずれの場合も売買の申込みがあったときは、遅滞なく依頼者に報告しなければならない。

（1）一般媒介契約

① 依頼者は他の宅地建物取引業者に重ねて媒介の依頼ができる。
② 依頼者が自ら契約の相手方を発見した場合には、宅地建物取引業者を通さずに直接相手と契約することができる（自己発見取引）。
③ 複数の宅地建物取引業者と媒介契約を締結した場合に、依頼した他の業者を明示する明示型と明示しない非明示型がある。

（2）専任媒介契約

① 他の宅地建物取引業者と重ねて媒介契約はできない。
② 依頼者が自ら契約の相手方を発見した場合には、宅地建物取引業者を通さずに直接相手と契約することができる（自己発見取引）。
③ 契約期間は3カ月を超えることはできず、これを超える契約期間を定めた場合、3カ月に短縮される。また、自動更新もできない。
④ 2週間に1回以上、業務の処理状況を依頼者に報告しなければならない。
⑤ 契約から7日以内（休業日を除く）に指定流通機構に登録しなければならない。

（3）専属専任媒介契約

① 他の宅地建物取引業者と重ねて媒介契約はできない。
② 依頼者が自ら契約の相手方を発見した場合でも、宅地建物取引業者を通さずに直接相手と契約することはできない。
③ 契約期間は3カ月を超えることはできず、これを超える契約期間を定めた場合、3カ月に短縮される。また、自動更新もできない。
④ 1週間に1回以上、業務の処理状況を依頼者に報告しなければならない。
⑤ 契約から5日以内（休業日を除く）に指定流通機構に登録しなければならない。

POINT!

専任媒介契約と専属専任媒介契約は、3カ月を超える契約はできず、報告義務や指定流通機構への登録義務がある。

3 売買契約と取引の当事者

1 意思表示

契約が有効とされるためには、その意思表示が完全な自由意思に基づき、真意と一致している必要がある。そこで、勘違いなど問題のある意思表示は、無効、あるいは取り消すことができる契約となる。

(1) 心裡留保
自己の真意に反することを知りながら意思表示をすること。
原則有効であるが、相手がそのことを知っていた（悪意）場合、あるいは、知らない（善意）場合でも知らないことに過失（落ち度）がある場合は無効になる。
善意の第三者（心裡留保の事実を知らずに当該不動産を転売などで取得したもの）には対抗できない。

◎Bが悪意の場合、Aは心裡留保による契約の無効をBに主張できるが、心裡留保の事実を知らないCには対抗できず、Aは所有権をCに主張できない。

(2) (通謀) 虚偽表示
当事者が通謀して真意と異なる意思表示をすること。
契約は無効であるが、善意の第三者には対抗できない。

(3) 錯誤
表意者が契約の締結を左右するほどの重要な勘違い（要素の錯誤）により意思表示をすること。
契約は無効であり、善意の第三者にも対抗できる。
ただし、表意者に重過失がある場合には、無効を主張できない。

(4) 詐欺
表意者が詐欺により意思表示をすること。
取り消すことのできる契約となるが、善意の第三者には対抗できない。

(5) 強迫
表意者が強迫により意思表示をすること。
取り消すことのできる契約となり、善意の第三者にも対抗できる。

2 取引の相手

（1）未成年者との売買

　未成年者との取引は、親権者の同意または親権者が未成年の代理をすることにより契約する必要があり、未成年者が単独でした契約は取り消すことのできる契約となる。なお、未成年者でも婚姻をしたものは成年者とみなされ、単独で有効な契約を締結できる。

（2）共有

　共有不動産を売買する場合、持分の譲渡は各共有者が単独で行うことができるが、不動産全体の売買契約を締結する場合には、共有者全員の同意が必要である。

（3）代理

　本人の代理人が相手方と売買契約をした場合、その効力は直接本人に及ぶ。

　なお、代理人が真の代理人ではないにもかかわらず代理人（無権代理人）として取引をした場合、善意無過失の取引の相手方は、無権代理人に対し履行の請求または損害賠償の請求ができる。

POINT!

錯誤と強迫による意思表示は、善意の第三者にも対抗できる。

4 手付金

1 手付けの性質

手付金とは、売買契約締結の際に買主から売主に交付される金銭で、その目的には3種類がある。また、目的を定めない場合には、解約手付と推定される。

（1）証約手付
契約成立の証として。

（2）違約手付
契約上の債務を履行しない場合に没収できる違約金として。

（3）解約手付
契約の解除権を留保する目的のため。

2 解約手付

解約手付が交付された場合、**相手方**が契約の履行に着手するまでは、契約の解除ができる。

履行に着手とは、買主は内金（中間金）や残代金などの代金の支払い、売主は引渡しや登記をいう。

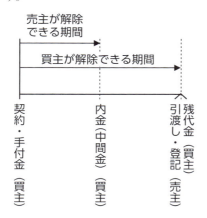

買主から契約を解除する場合は手付金の放棄、売主からは手付金の倍額を現実に提供することによる。

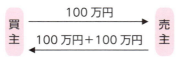

①買主は、支払っている手付金（例：100万円）を放棄することで解除できる。
②売主は、預かっている100万円に加え、自らも100万円を支払うことで解除できる。

3 手付けの効果

解約手付けによる契約解除を行った場合に、手付金の額を上回る損害が発生した場合でも、特約がない限り損害賠償の請求はできない。

4 宅地建物取引業法と手付金

宅地建物取引業者が自ら売主となり、宅地建物取引業者でないものが買主の場合には、手付金に関して以下の制限がある。
① 手付けの目的をどのように定めても解約手付とみなす。
　仮に契約書で手付金の性質を証約手付である旨定めたとしても解約手付の性質を失わず、売主が契約の履行に着手する前であれば、買主は解約手付による契約の解除ができる。
② 売買代金の2割を超える手付金を受領することはできない。

POINT!

自らが契約の履行をしていても、相手方が契約の履行に着手するまでは、解約手付による契約解除ができる。
宅建業者が売主の場合、買主が交付した手付金は解約手付とみなされるため、手付けの性質をどのように定めても、相手方が契約の履行に着手する前であれば解約手付による契約解除ができる。

5 売買対象面積

1 公簿取引と実測取引

不動産の面積は登記に記録されているが、実測面積と一致しているとは限らない。
そこで、土地の売買契約をする場合には、登記記録の面積と実測面積の相違に対して、公簿取引とする場合と実測取引にする場合がある。

（1）公簿取引
登記記録の面積で契約し、実測の結果、登記記録の面積と相違がある場合でも精算をしない取引。

（2）実測取引
登記記録の面積で契約し、実測の結果、登記記録の面積と相違がある場合に精算をする取引。

2 筆界特定制度

筆界とは、1筆の土地とこれに隣接する他の土地との間で、当該土地が登記されたときにその境を構成する2以上の点とこれらを結ぶ直線をいう。
筆界の特定は、筆界調査委員の意見を踏まえて、筆界特定登記官が行う。

筆界特定の申請ができるのは、土地の所有権登記名義人（共有の場合は共有者が単独で申請できる）であり、借地権者は申請できない。ただし、対象地の所有権登記名義人等の同意を得られたときは、地方公共団体が筆界特定の申請をすることができる。筆界は、土地所有者同士の合意により変更することはできない。
また、筆界特定が行われた土地については、利害関係の有無にかかわらず、誰でも手数料を納付して筆界特定書等の写しの交付を請求できる。

POINT!
筆界は、公法上の境界であり、所有者の合意があっても変更できない。

6 危険負担

2020年4月に民法が改正されたことにより改正前と改正後の取扱いが異なる。
改正前は、不動産の売買契約を締結し、代金決済や引渡しの前に天災等の不可抗力で対象物件が損壊した場合は、買主の負担となっていた。
改正後は、上記のようなケースにおいて買主は、売買代金を支払う必要がなくなった。

◎買主は、代金全額を支払う必要はない。

POINT!
民法の改正により、危険負担は買主ではなくなった。

7 契約不適合責任

1 契約不適合責任

　引き渡された目的物が種類、品質または数量に関して契約の内容に適合しない場合、買主は売主に対して、目的物の修補や代替物の引渡しなどによる履行の追完を請求することができる。
　また、売主が追完の請求に応じない場合、代金の減額請求や契約の解除請求をすることができるほか、買主に損害が生じている場合は、損害賠償請求することもできる。
　ただし、売主は、買主に不相当な負担を課すものでないときは、買主が請求した方法と異なる方法による履行の追完をすることができる。
　買主は、その契約不適合を知ったときから1年以内にその旨を売主に通知しなければならないが、売主が引渡しのときにその契約不適合を知っていた場合や、重大な過失によって知らなかった場合は、この限りではない。

2 宅地建物取引業法と契約不適合責任

　宅地建物取引業者が自ら売主となり、宅地建物取引業者でないものが買主の場合には、買主が権利行使できる期間を不動産の引渡しから2年以上の期間と定める特約以外に買主に不利な特約はできない。

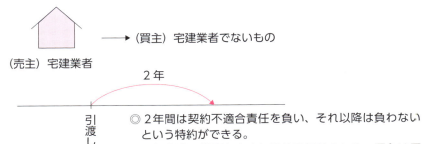

◎ 2年間は契約不適合責任を負い、それ以降は負わないという特約ができる。
◎ 2年未満の期間を定めた特約は無効のため、買主は原則どおり、不適合を知った時から1年以内に通知すれば権利が保全される。

POINT!

契約不適合責任で権利行使するためには、不適合を知った時から1年以内に通知しなければならない。ただし、特約で別の定めができる。

8 住宅の品質確保の促進等に関する法律など

1 住宅の品質確保の促進等に関する法律（品確法）

　新築住宅の請負契約または売買契約の場合、構造耐力上主要な部分等の隠れた瑕疵につき、請負または販売をした業者に対して、引渡しから最低10年間の瑕疵担保責任を義務付けている（20年まで伸長できる）。
　この法律に規定する瑕疵が発覚した場合、業者に対して損害賠償請求ができ、さらにその瑕疵により売買の目的を達することができない場合は、契約の解除ができる。

2 特定住宅瑕疵担保責任の履行の確保等に関する法律（住宅瑕疵担保履行法）

　売買の目的物に瑕疵があり、買主が損害賠償をした際に業者に十分な資力がないと責任が果たせない。
　そこで、新築住宅の請負人や売主に対し、次のいずれかの措置をとることにより、確実に瑕疵担保責任を履行させるというものである。

（1）住宅瑕疵担保責任保険への加入
　保険金から損害賠償額などを受け取ることができる。

（2）保証金の供託
　法務局に一定の金額を供託しておくことで、損害賠償額が確保される。

POINT!

品確法では、新築住宅を請負または販売をした業者に引渡しから10年間の瑕疵担保責任を義務付けている。

9 借地借家法 —— 借地権①

1 借地権

建物所有を目的とした土地賃借権または地上権のことを借地権という。

1992年8月1日に借地借家法が施行されたことにより、それより前に設定された借地権に適用される法律を旧法、それ以後を新法と呼ぶ。

旧法で設定された借地権は、新法施行後の更新も旧法が適用されるため現在、旧法による借地権と新法による借地権が混在する。

また、新法では、存続期間が満了した後に更新がなく終了する定期借地権の設定もできるようになった。

2 地上権と土地賃借権

地上権は物権であり、物を直接的・排他的に支配できる権利である。

借地権に関しての特徴として、地上権による借地権の場合、借地権の譲渡や転貸は地主の承諾なしで自由にできる。また、地上権の登記は、地主に協力義務がある。

土地賃借権は債権であり、債務者に対して一定の行為を請求できる権利である。

借地権に関しては、地上権と異なり、借地権の譲渡や転貸には原則として地主の承諾が必要である。また、土地賃借権の登記の際も地主に協力義務はないため、土地賃借権の登記はされていないことが多い。

そこで、土地賃借権による借地権の場合、借地上の建物を借地人名義で登記していれば第三者への対抗を認めている。

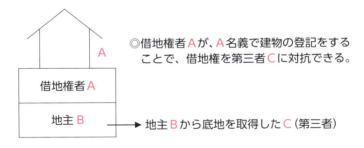

◎借地権者Aが、A名義で建物の登記をすることで、借地権を第三者Cに対抗できる。

POINT!

地上権による借地権は、譲渡や転貸に地主の承諾は不要である。
土地賃借権の場合は、原則として地主の承諾がいる。

10 借地借家法 ── 借地権②

1 存続期間

普通借地権の存続期間は、30年以上の期間を定めなければならず、期間を定めない場合や30年未満の期間を定めた場合は30年になる。

2 更新

当事者の合意による更新の他に、借地人からの更新請求と土地の継続使用（地主の更新拒絶の通知後も土地の使用を継続し、地主が遅滞なく異議を述べない場合）による法定更新がある。

借地人からの更新請求と土地の継続使用による法定更新の場合は、借地上に建物が存在することが条件であり、借地上に建物が存在しない場合には、更新しない。

地主が更新拒絶をする場合には、正当事由による異議申立てをしなければならない。

3 更新後の存続期間

最初の更新後は、合意による更新の場合は20年以上の存続期間を定めなければならず、請求による更新や法定更新、あるいは期間を定めなかった場合は20年になる。

2回目以降の更新後は、期間を定める場合は10年以上の存続期間、定めない場合は10年になる。

4 建物買取請求権

借地契約の期間が満了し、借地上に建物が存在しているにもかかわらず、地主が正当事由により更新を拒絶した場合、借地権者は地主に建物を時価で買い取るように請求できる。

地主から更新拒絶をするには正当事由が必要。その場合、借地権者は借地上の建物を地主に買い取るよう請求できる。

POINT!

借地上に建物がある場合、借地人の請求や土地の継続使用により更新される。

11 借地借家法 —— 借地権③

1 定期借地権

定期借地権は3種類ある。

（1）一般定期借地権

存続期間50年以上。期間満了後は更新がなく、更地で返還する。
建物の買取りもしない。

（2）建物譲渡特約付借地権

存続期間30年以上。30年以上の期間経過後に地主が建物を買い取ることにより終了し、更新はされない。

借地権消滅時に建物を利用していた借地人や、借地人から建物を賃借していたものは、地主に対し建物の継続使用を請求できる。この場合、地主との間で期間の定めのない建物賃貸借契約が締結されたものとみなされる。

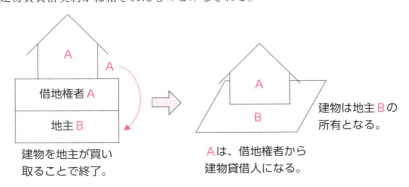

（3）事業用定期借地権等

存続期間30年以上50年未満で設定される事業用定期借地権と、存続期間10年以上30年未満で設定される事業用借地権がある。
期間満了後は更新がなく、更地で返還する。建物の買取りもしない。

POINT!
建物譲渡特約付借地権は、借地権消滅後も建物の継続使用を請求できる。

12 借地借家法 ── 借地権まとめ

■普通借地権と定期借地権のまとめ

区　分	普通借地権	定期借地権 一般定期借地権	定期借地権 事業用定期借地権等	定期借地権 建物譲渡特約付借地権
存続期間	30年以上（30年）	50年以上	10年以上50年未満※2	30年以上
建物の所有目的	制限なし	制限なし	専ら事業の用に供する建物※3	制限なし
借地権契約の更新	最初の更新は20年以上その後は10年以上	なし	なし	なし
借地権消滅時における建物買取請求権	時価で買取り請求可	なし	なし	相当の対価で地主に譲渡する旨の特約ができる。
建物の再築による存続期間の延長	あり 地主の承諾があった日等から20年※1	なし	なし	なし
契約方法	制限なし（口頭も可）	公正証書等の書面による	公正証書に限る	制限なし（口頭も可）

※1　賃貸人の承諾に代わる裁判所の許可制度
　　　普通借地権において、借地権者が、賃借権の譲渡、転貸をしようとする場合において、それが行われても借地権設定者（賃貸人、地主）に不利となるおそれがないにもかかわらず、借地権設定者がこれに承諾を与えないときは、裁判所は借地権者の申立てにより、借地権設定者の承諾に代わる許可を与えることができる。
※2　30年以上50年未満の事業用定期借地権は、30年以上の契約のため、普通借地権に特約で更新しない旨等を定めることで設定できる。
※3　居住用を建物の目的にできない。

POINT!

事業用定期借地権等の設定契約は、公正証書によらなければならず、また、アパートや社宅など一部であっても居住用建物を目的として設定することはできない。

13 借地借家法 ── 旧借地権

借地や借家に関する法律として「借地法」「借家法」「建物保護ニ関スル法律」（いわゆる旧法）があるが、1992年8月1日に借地借家法が施行され、同日以後の借地や借家に関する契約には旧法は適用されなくなった。

しかし、それ以前に締結された契約は、同日以後も契約の更新に関する部分等は旧法が継続して適用され、旧法による借地契約を定期借地権に切り替えたり、定期借家契約の規定ができる前の借家契約を定期借家契約に切り替えることは原則としてできない。

■旧法と借地借家法の存続期間、更新後の存続期間

		存続期間	更新後	
借地法 （旧法）	堅固建物	30年 （期間定めなし60年）	30年	
	非堅固建物	20年 （期間定めなし30年）	20年	
借地借家法 （新法） 1992.8.1施行		30年以上 （期間定めなし30年）	1回目	20年
			2回目〜	10年
旧法・新法　共通		上記より短い期間を定めた場合、各存続期間となる 上記より長い期間を定めた場合、有効となる		

POINT!

旧法で契約した借地権を定期借地権に切り替えることは、原則としてできない。

14 借地借家法 —— 普通借家権

建物を賃貸借する場合も借地借家法の適用を受ける。

1 普通借家契約

(1) 存続期間
　期間を定める場合は、1年以上とされ、1年未満の期間を定めた場合は期間の定めのないものとなる。
　1年以上であれば最長期間の制限はない。

(2) 契約
　契約の方法に定めはなく、口頭での契約もできる。

(3) 更新
　当事者が契約期間満了の1年前から6カ月前までの間に更新拒絶の通知または条件を変更しなければ更新しない旨の通知をしなかったときは、契約期間を除き、従前の契約と同一の条件で更新したものとみなされる。
　なお、契約期間は期間の定めのない契約となる。
　また、賃貸人から更新拒絶を行う場合は正当事由が必要である。
（注）更新拒絶の通知があった場合であっても、期間満了後も賃借人が使用を継続し、賃貸人が遅滞なく異議を述べなかった場合は、更新したものとみなされる。

(4) 期間の定めのない契約
　当事者はいつでも解約の申入れを行うことができ、賃借人からの解約申入れの場合3カ月後、賃貸人からの申入れの場合は、6カ月後に賃貸借契約は終了する。
　なお、賃貸人から解約の申入れをする場合には正当事由が必要である。

POINT!
普通借家契約では、1年未満の期間を定めた場合、「期間の定めのない契約」となる。

15 借地借家法 ── 定期借家権

建物賃貸借契約にも更新されない定期借家契約がある。

1 定期借家契約

（1）期間

期間を定める必要はあるが、**1年未満**でもよく、また最長期間の制限もない。

（2）契約

公正証書など書面による。

（3）事前説明

賃貸人は、賃貸借契約締結前に賃借人に対し、当該契約が更新がなく期間満了により終了する旨を書面で説明しなければならず、この説明をしなかった場合、更新のある普通借家契約になる。

（4）終了通知

賃貸人は、期間が1年以上の賃貸借であるときは、期間満了の1年前から6カ月前までの間に、賃借人に対し賃貸借が終了する旨の通知をする必要があり、この通知をしなければ賃貸借の終了を賃借人に対抗することができない。

通知期間が経過した後に通知をしたときは、通知の日から6カ月の経過によって終了することとなる。

（5）賃借人からの中途解約

居住用建物の賃貸借で、賃貸借の対象となる床面積が200㎡未満であり、転勤、療養、親族の介護その他やむを得ない事情により賃借人が建物を生活の本拠として使用することが困難となったときは、賃借人から解約申入れをすることができる。

その場合、解約申入れの日から1カ月で終了する。

POINT!

定期借家契約では、1年未満の期間の定めができる。

---

14 借地借家法 ── 普通借家権／15 借地借家法 ── 定期借家権

16 借地借家法 ── 普通借家契約および定期借家契約の共通事項

1 造作買取請求権

賃借人は、賃貸人の同意を得て付加した造作（エアコン、建具など）または、賃貸人から買い受けた造作を、期間の満了または解約申入れによって賃貸借契約が終了するときに、賃貸人に時価で買い取るよう請求できる。

ただし、この規定は特約で排除することができる。

2 借家権の対抗力

借家権（建物賃借権）は、登記がなくても、建物の引渡しにより第三者に対抗できる。

3 借賃増減請求権

借賃が、経済事情の変動等により不相当となったときは、契約の条件にかかわらず、当事者は将来にむかって賃料の増減を請求できる。

一定期間増額しない旨の特約は有効であるが、定期借家契約を除き一定期間減額しない旨の特約は無効である。

定期借家契約では、減額しない旨の特約もできる。

4 取壊し予定の建物の賃貸借

建物の取壊しが予定されている場合、書面により特約することで取壊しまでの賃貸借契約を締結することができる。

例えば、定期借地権は更新がなく、借地上の建物を収去して地主に返還するが、特約により収去までの間、建物を賃貸借することができる。

POINT!

造作買取請求権は任意規定であり、特約で排除できる。

チェックテスト

(1) 重要事項の説明は、その事務所に専任の宅地建物取引士が行わなければならない。

(2) 一般媒介契約でも、売買の申込みを受けた場合は、遅滞なく依頼者に報告しなればならない。

(3) 専任媒介契約の契約期間は3カ月を超えることはできないが、自動更新の特約を定めることはできる。

(4) 手付けの性質を特に定めない契約をした場合、売主は相手方が契約の履行に着手する前であれば、手付けを放棄することで契約の解除ができる。

(5) 解約手付けによる契約の解除をした場合に、手付けを上回る損害が発生していれば、相手方は損害賠償の請求ができる。

(6) 登記記録（公簿）の面積で契約し、実測の後に面積の過不足を精算する取引を公簿取引という。

(7) 売買契約から引渡しまでの間に、売買の目的物が滅失した場合の危険負担は買主となる。

(8) 契約不適合責任における買主からの通知は、契約の不適合を知った時から1カ月以内に行わなければならない。

(9) 建物譲渡特約付借地権で、借地権者等、契約終了時に建物を使用していたものは、建物の継続使用を請求できる。

(10) 一般定期借地権では、事業用の建物所有を目的に設定することはできない。

(11) 定期借地権のうち、公正証書により契約しなければならないのは、一般定期借地権等のみである。

(12) 定期借家契約は、契約締結後遅滞なく書面により、更新がない旨等の説明をしなければならない。

(13) 地主が請求することにより、旧法の借地権を定期借地権に切り替えることができる。

解答

(1) ×	(2) ○	(3) ×	(4) ×	(5) ×	(6) ×	(7) ×
(8) ×	(9) ○	(10) ×	(11) ×	(12) ×	(13) ×	

第3章
不動産に関する法令上の規制

過去の出題状況	2019.1	2019.5	2019.9	2020.1	2020.9	2021.1
都市計画法				☆		
建築基準法	☆	☆	☆	☆	☆	☆
国土利用計画法						
農地法・生産緑地法	☆		☆	☆		☆
土地区画整理法					☆	
区分所有法		☆			☆	

1．都市計画法
　住みよい街づくりのための計画。

2．建築基準法
　建築物の敷地、構造、用途などの基準を定めて、国民の生命、健康、財産を守る。

3．国土利用計画法
　総合的かつ計画的に国土の利用を図るための法律。

4．農地法・生産緑地法
　耕作者の農地の取得や権利の保護を目的とした農地法や市街化区域内での営農について定めた生産緑地法などの法律。

5．土地区画整理法
　土地の区画を整理して暮らしやすい市街地を作り出すための法律。

6．区分所有法
　分譲マンションなど、区分された所有権に関する法律。

1 都市計画法 —— 区域の指定

都市計画法とは、住みよい街づくりをするための法律である。
そこで、まずは計画を立て、その計画に従って街づくりを行う。

1 都市計画区域の指定

一体の都市として総合的に街づくりをしていく区域を都市計画区域というが、都市計画区域の範囲は、都道府県や市区町村の行政単位にとらわれない。

都市計画区域は、原則として都道府県が定めるが、2以上の都府県にわたり指定する場合には、国土交通大臣が指定する。

都道府県が指定する場合は、関係市町村および都道府県都市計画審議会の意見を聞き、国土交通大臣の同意を得て行う。

国土交通大臣が指定する場合は、関係都府県の意見を聞いて行う。

2 準都市計画区域の指定

都市計画区域に指定されていない区域であっても、高速道路のインターチェンジや幹線道路の沿道など相当数の建物の建築等が見込まれる等、無秩序な開発が懸念される区域に指定できる。

都道府県が関係市町村および都市計画審議会の意見を聞いて指定する。

POINT!

2以上の都府県にわたり区域を指定する場合は、国土交通大臣が関係都府県の意見を聞いて指定する。

2 都市計画法 ── 都市計画の内容

1 区域区分

　無秩序な市街化を防止し計画的な市街化を図る必要がある場合には、都市計画区域内に市街化区域と市街化調整区域の区分を定めることができる。これを区域区分といい、都道府県が定める。

（1）市街化区域
　すでに市街地を形成している区域およびおおむね10年以内に優先的かつ計画的に市街化を図るべき区域。

（2）市街化調整区域
　市街化を抑制すべき区域。

（3）非線引都市計画区域
　都市計画区域内で、市街化区域および市街化調整区域の区分がされていない区域。

```
              都市計画区域
       ┌──────┴──────┐
  線引き都市計画区域      非線引き都市計画区域
```

市街化調整区域	市街化区域

市街化区域・市街化調整区域のいずれにも区分されていない区域

POINT!

都市計画区域は、市街化を図るべき市街化区域と、市街化を抑制すべき区域である市街化調整区域に区分することができる。

3 都市計画法 —— 地域地区等

地域地区

区域区分の後に、さらに土地の使い方を分け、計画的な「住みよい街づくり」を実現するため、地域地区や地区計画が定められる。

主な地域地区等は以下のとおりである。

1 用途地域

土地を住居系8種類、商業系2種類、工業系3種類の合計13種類に分けて、街づくりをしていく。

市街化区域については少なくとも用途地域を定めるものとし、市街化調整区域については、原則として用途地域は定めないものとされている。

■用途地域の種類と定義

住居系	第一種 低層住居専用地域	低層住宅に係る良好な住居の環境を保護するため定める地域
	第二種 低層住居専用地域	主として低層住宅に係る良好な住居の環境を保護するため定める地域
	田園住居地域	農業の利便の増進を図りつつ、これと調和した低層住宅に係る良好な住居の環境を保護するために定める地域
	第一種 中高層住居専用地域	中高層住宅に係る良好な住居の環境を保護するため定める地域
	第二種 中高層住居専用地域	主として中高層住宅に係る良好な住居の環境を保護するため定める地域
	第一種住居地域	住居の環境を保護するため定める地域
	第二種住居地域	主として住居の環境を保護するため定める地域
	準住居地域	道路の沿道としての地域の特性にふさわしい業務の利便の増進を図りつつ、これと調和した住居の環境を保護するため定める地域
商業系	近隣商業地域	近隣の住宅地の住民に対する日用品の供給を行うことを主たる内容とする商業その他の業務の利便を増進するため定める地域
	商業地域	主として商業その他の業務の利便を増進するため定める地域
工業系	準工業地域	主として環境の悪化をもたらすおそれのない工業の利便を増進するため定める地域
	工業地域	主として工業の利便を増進するため定める地域
	工業専用地域	工業の利便を増進するため定める地域

2 特別用途地区

用途地域内で土地利用の増進や環境の保護等の特別の目的の実現を図るため、用途地域の指定を補完して定める地区である。

3 高度地区

用途地域内で市街地の環境維持や土地利用の増進を図るために、建築物の高さの最高限度または最低限度を定める地区である。

4 高度利用地区

用途地域内で土地の合理的かつ健全な高度利用と都市機能の更新とを図るため、容積率の最高限度および最低限度、建蔽率の最高限度、建築面積の最低限度、壁面の位置の制限を定める地区である。

5 特定用途制限地域

用途地域が定められていない区域（市街化調整区域を除く）内で、良好な環境の形成または保持のため、制限すべき特定の建築物等の用途の概要を定める地域である。

6 地区計画等

一街区または数街区程度の小規模の地区できめ細かい街づくりを行うための都市計画である。

POINT!
高度地区は高さの制限、高度利用地区は有効利用のための容積率や建蔽率の制限。

4 都市計画法 —— 開発許可制度

開発許可制度と許可条件
> 開発行為を行う場合には事前に都道府県知事の許可を受けなければならない。
---

1 開発行為

　開発行為とは、主として建築物や特定工作物の建設目的で行う土地の区画形質の変更をいう。

　「特定工作物」とは、コンクリートプラント等の第一種特定工作物と、ゴルフコースや1ha以上の野球場や遊園地等の第二種特定工作物をいう。

　「区画形質の変更」とは、土地の分割（区画の変更）や造成（形質の変更）等をいう。

　なお、区画の変更は土地を分割し道路を設置する等物理的な変更を伴うものをいい、単なる分筆や合筆などの権利区分の変更だけの場合は区画の変更に該当しない。

2 許可の要否

　許可を必要とする規模。
① 　市街化区域——原則として**1,000㎡以上**の開発行為。

　　ただし、必要があると認められる場合は、都道府県知事は300㎡以上でその規模を別に定めることができる。
② 　市街化調整区域——**規模にかかわらず**許可が必要。
③ 　非線引都市計画区域および準都市計画区域——原則として**3,000㎡以上**の開発行為。
④ 　都市計画区域および準都市計画区域外の区域——原則として10,000㎡以上の開発行為。

3 開発許可が不要な開発行為

　各区域で許可が必要な規模に達している開発行為でも、以下に該当する場合は許可が不要である。なお、②〜⑥は、いずれの区域でも許可不要。
① 　市街化調整区域、非線引き都市計画区域または準都市計画区域内で行われる農業、林業もしくは漁業の用に供する一定の作業場、またはこれらの業務を営むものの居住の用に供する建築物を建築するための開発行為。
② 　駅舎等の鉄道施設、公民館、図書館、変電所等、公益上必要な施設を建築するための開発行為。
③ 　都市計画事業、土地区画整理事業、市街地再開発事業等の施行として行う開発行

為。

④ 公有水面埋立法の免許を受けた埋立地で竣工認可告示前に行われる開発行為。

⑤ 非常災害のため必要な応急措置として行う開発行為。

⑥ 通常の管理行為、軽易な行為。

4 建築制限

（1）開発許可に関する建築形態条件

市街化調整区域または非線引き都市計画区域のうち、用途地域が定められていない区域で開発許可をする場合には、都道府県知事は建築物の建蔽率や高さ、壁面の位置その他建築物の敷地、構造および設備に関する制限を定めることができる。

（2）工事完了公告前の建築制限

開発許可を受けた開発区域内では、工事完了の公告があるまでは、工事用の仮設建築物や知事が建築を認めた場合などを除き、建築物の建築や特定工作物の建築はできない。

（3）工事完了公告後の建築制限

開発区域内では、知事が許可した場合や用途地域が定められている場合を除き、予定建築物以外の新築や特定工作物の新設はできない。

（4）開発区域以外の建築制限

市街化調整区域のうち、開発許可を受けた開発区域以外の区域内では、都道府県知事の許可を受けなければ一定の建物等を除き、建物等の建築はできない。

POINT!

市街化調整区域以外では、一定の面積以上の開発行為を行う際に都道府県知事の許可が必要となる。

市街化調整区域で農林漁業用の建物や従事者のための住宅建築のための開発行為は許可不要である。

4 都市計画法 —— 開発許可制度　49

5 都市計画法 —— 都市計画施設等の区域内の建築規制

1 都市計画制限

　道路や公園等の都市計画施設の設置や市街地開発事業等の都市計画事業を推進する際に、当該区域内では建築等、都市計画の障害になるような建築行為等は、原則として都道府県知事の許可が必要となる。

(1) 許可不要の場合
① 階数が2以下で、かつ、地階を有しない木造建築物の改築や移転
② 非常災害の応急措置等

(2) 許可基準
以下に該当する場合は原則として許可される。

> 容易に移転し、または除却できるもので、階数が2以下で地階を有しない主要構造部が木造、鉄骨造、コンクリートブロック造等の構造の建築物。

POINT!

都市計画を推進していく上で、計画の障害となる建物等の建築は、都道府県知事の許可が必要となる。

6 建築基準法 ── 建築確認

　建築主は、一定の建築物の新築・改築等をする場合には、工事着手前に建築主事または指定確認検査機関に対し、当該建築物の計画が建築基準法等の関係規定等に適合している旨の確認を受けなければならない。

　この建築確認の制度により、違反建築物が建てられることを未然に防ぐことができる。

■建築確認を必要とする建築物

	建築物の種類・規模	新　築	増改築 移　転	大規模修 繕模様替	用途変更
全　　　　　国	①特殊建築物※1	○	○※2	○	○※3
	②大規模建築物 　a.木造建築物	○	○※2	○	
	b.木造以外の建築物	○	○※2	○	
都市計画区域、準都市計画区域または都道府県知事が指定する区域※4	③一般建築物	○	○※2		

※1　特殊建築物──劇場、病院、ホテル、共同住宅、百貨店、学校、バー、遊技場、倉庫、自動車車庫等

※2　10㎡以下の増改築・移転は確認不要。なお、防火・準防火地域では、10㎡以下でも確認必要。

※3　特殊建築物への用途変更であっても、政令で指定する類似用途相互間におけるものである場合（ホテルから旅館、ボーリング場からスケート場への用途変更のような場合）は、建築主事の確認は不要。

※4　都道府県知事が都道府県都市計画審議会の意見を聴いて指定する区域（都道府県知事の指定する建築確認を受けなくてもよい区域）を除く。

POINT!

一定の建築物は工事着工前に建築確認を受けなければならない。

第3章　不動産に関する法令上の規制

7 道路に関する制限

1 道路の定義

建築基準法上の道路とは次に掲げるものをいう。

種類			内容
42条1項	幅員 4m以上 (注)	1号	道路法による道路（国道、都道府県道、市区町村道）
		2号	都市計画法、土地区画整理法、都市再開発法等による道路
		3号	建築基準法が施行された際（1950年）、現に存在する道、または都市計画区域・準都市計画区域に指定された際、すでに存在する道
		4号	都市計画法、道路法、土地区画整理法等で2年以内に道路を造る事業が予定されるものとして特定行政庁が指定したもの
		5号	1号～4号以外の私道でかつ一定の技術的基準に適合するもので、特定行政庁からその道路の位置指定を受けたもの
42条2項	幅員 4m未満	6号	3号の場合で、すでに建築物が建ち並んでいるもので特定行政庁が指定したもの 道路中心線から2mが道路とみなされる

（注）特定行政庁がその地方の気候もしくは風土の特殊性または土地の状況により必要と認めて都道府県都市計画審議会の議を経て指定する区域内においては、6m以上となる。

■42条2項道路のセットバック

◎原則
（道路の両側に敷地がある場合）

◎例外
（敷地の反対側が水路、崖等の場合）

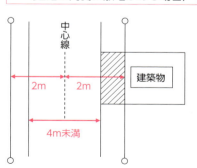
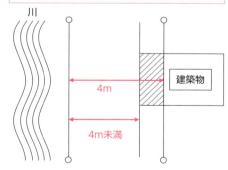

（注）斜線の部分は建物の建築、塀等の築造は認められず、かつ、建蔽率、容積率計算上の敷地面積に算入されない。

2 建築物の敷地の接道義務

建築物の敷地は、建築基準法上の道路（自動車専用道を除く）に2m以上接しなければならない（地方公共団体は、条例でより厳しい制限にできる）。ただし、その敷地の周囲に広い空地（公園など）を有する建築物その他の一定基準に適合する建築物で、特定行政庁が交通上、安全上、防火上および衛生上支障がないと認めて建築審査会の同意を得て許可したものについては、接道義務は適用されない。

また、建築基準法上の道路には私道も含まれるが、私道の変更または廃止によって、その道路に接する敷地が、接道義務に抵触することとなる場合には、特定行政庁はその私道の変更または廃止を禁止し、または制限することができる。

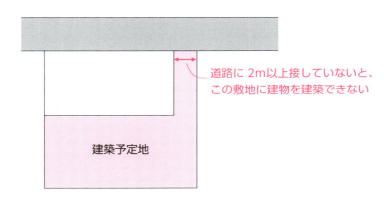

POINT!

建築物の敷地は原則として、建築基準法上の道路に2m以上接していなければならない。

8 用途に関する制限

建築基準法では、用途地域内で建築できる建築物の用途を制限している。

■用途制限（抜粋）　　〈○：建築できるもの　×：原則、建築できないもの〉

主な用途 ＼ 用途地域等	一低住専	二低住専	田園住居	一中高住専	二中高住専	一住居	二住居	準住居	近商	商業	準工業	工業	工専
住宅、共同住宅、寄宿舎、下宿	○	○	○	○	○	○	○	○	○	○	○	○	×
兼用住宅のうち店舗、事務所等の部分が一定規模以下のもの	○	○	○	○	○	○	○	○	○	○	○	○	×
幼稚園、小学校、中学校、高等学校	○	○	○	○	○	○	○	○	○	○	○	×	×
図書館等	○	○	○	○	○	○	○	○	○	○	○	○	×
神社、寺院、教会等	○	○	○	○	○	○	○	○	○	○	○	○	○
老人ホーム、身体障害者福祉ホーム等	○	○	○	○	○	○	○	○	○	○	○	○	×
保育所等、公衆浴場、診療所	○	○	○	○	○	○	○	○	○	○	○	○	○
老人福祉センター、児童厚生施設等	□	□	□	○	○	○	○	○	○	○	○	○	○
巡査派出所、公衆電話所等	○	○	○	○	○	○	○	○	○	○	○	○	○
大学、高等専門学校、専修学校等	×	×	×	○	○	○	○	○	○	○	○	×	×
病院	×	×	×	○	○	○	○	○	○	○	○	×	×
床面積の合計が150㎡以内の一定の店舗、飲食店等	×	▲	▲	○	○	○	○	○	○	○	○	○	▲
床面積の合計が500㎡以内の一定の店舗、飲食店等	×	×	■	○	○	○	○	○	○	○	○	○	▲
ボーリング場、スケート場、水泳場等	×	×	×	×	×	☆	○	○	○	○	○	○	○
ホテル、旅館	×	×	×	×	×	☆	○	○	○	○	○	×	×
マージャン屋、パチンコ屋、射的場、勝馬投票券販売所等	×	×	×	×	×	×	◇	◇	○	○	○	◇	×
カラオケボックス等	×	×	×	×	×	×	◇	◇	○	○	○	◇	◇
客席の部分の床面積の合計が200㎡未満の劇場、映画館、演芸場、観覧場	×	×	×	×	×	×	×	○	○	○	○	×	×
客席の部分の床面積の合計が200㎡以上の劇場、映画館、演芸場、観覧場	×	×	×	×	×	×	×	×	○	○	○	×	×
キャバレー	×	×	×	×	×	×	×	×	×	○	○	×	×
個室付浴場業に係る公衆浴場等	×	×	×	×	×	×	×	×	×	○	×	×	×
作業場の床面積の合計が50㎡以下の工場で危険性や環境を悪化させるおそれが非常に少ないもの	×	×	■	×	×	○	○	○	○	○	○	○	○
作業場の床面積の合計が150㎡以下の自動車修理工場	×	×	×	×	×	×	○	○	○	○	○	○	○
危険性が大きいかまたは著しく環境を悪化させるおそれがある工場	×	×	×	×	×	×	×	×	×	×	×	○	○

- □ → 600㎡以下のものに限り建築可能。
- ☆ → 当該用途に供する部分が3,000㎡以下の場合に限り建築可能。
- ◇ → 当該用途に供する部分が10,000㎡以下の場合に限り建築可能。
- ▲ → 物品販売店舗、飲食店は建築できない。
- ■ → 一定の農業関連のみ建築可能。

　敷地が2以上の用途地域にわたるときは、敷地の全部について過半の属する地域の制限を受ける。

POINT!

敷地が2以上の用途地域にわたる場合は、面積の大きいほうの用途地域の制限が敷地全体の制限になる。

9 建蔽率制限

1 建蔽率制限

敷地いっぱいに建築物を建築することは、防火上または住環境といった点から望ましくない。そこで、建築物の建築面積（外壁またはこれに代わる柱の中心で囲まれた面積）の敷地面積に対する割合の限度が定められている。

（1）建蔽率とは

建蔽率とは、建築面積を敷地面積で割った割合である。

$$建蔽率 = \frac{建築面積}{敷地面積}$$

（2）建蔽率の制限

用途地域等	原　則
第一種低層住居専用地域 第二種低層住居専用地域 田　園　住　居　地　域 第一種中高層住居専用地域 第二種中高層住居専用地域 工　業　専　用　地　域	$\frac{3}{10}$　$\frac{4}{10}$　$\frac{5}{10}$　$\frac{6}{10}$
第　一　種　住　居　地　域 第　二　種　住　居　地　域 準　住　居　地　域 準　工　業　地　域	$\frac{5}{10}$　$\frac{6}{10}$　$\frac{8}{10}$
工　　業　　地　　域	$\frac{5}{10}$　$\frac{6}{10}$
近　隣　商　業　地　域	$\frac{6}{10}$　$\frac{8}{10}$
商　　業　　地　　域	$\frac{8}{10}$※
用途地域の指定のない区域	$\frac{3}{10}$　$\frac{4}{10}$　$\frac{5}{10}$　$\frac{6}{10}$　$\frac{7}{10}$

左記のなかから都市計画で定める。
用途地域の指定のない区域については、特定行政庁が定める。

※　商業地域の建蔽率は$\frac{8}{10}$のみ。

（3）建蔽率の緩和

次のいずれかに該当するときは、建蔽率の数値が10％緩和される。

① 建蔽率が80％とされている地域外で、防火地域内に耐火建築物（耐火建築物と同等以上の延焼防止性能を有する建築物を含む）を建築する場合、または、準防火地域内にある耐火建築物または準耐火建築物（耐火建築物または準耐火建築物と同等以上の延焼防止性能を有する建築物を含む）を建築する場合。

② 特定行政庁が指定した角地の場合。

③ ①と②の両方を満たす場合は、20％緩和される。

（4）建蔽率の不適用

① 建蔽率が80％とされている地域内で、防火地域内に耐火建築物（耐火建築物と同等以上の延焼防止性能を有する建築物を含む）を建築する場合は、建蔽率の制限が適用されない。

② 派出所、公衆便所、公共用歩廊（アーケード）等。

③ 公園、広場、道路、川等のうちにある建築物で特定行政庁が安全上、防火上および衛生上支障がないと認めて建築審査会の同意を得て許可したもの。

（5）敷地が建蔽率の異なる地域にわたる場合

建築物の敷地が建蔽率の異なる2以上の地域にわたる場合は、各地域の建蔽率の限度に、その敷地の当該地域にある各部分の面積の敷地面積に対する割合を乗じて得たものの合計（加重平均）以下でなければならない。

（6）敷地が防火地域の内外にわたる場合

建築物の敷地が防火地域の内外にわたる場合において、その敷地内の建築物の全部が耐火建築物であるときは、その敷地はすべて防火地域にあるものとみなす。

また、建築物の敷地が防火地域の内外にわたる場合、敷地全体が防火地域の制限を受けるため、防火地域外の地域も防火地域内にあるものとみなして、(3)①の緩和の計算をし、(4)①の場合は、建蔽率が不適用となる。

POINT!

建蔽率は、一定の要件を満たすことにより緩和される。

第**3**章

不動産に関する法令上の規制

9 建蔽率制限　57

■建蔽率の緩和（道路はいずれも４ｍとする）

ケース１ 防火地域内で、耐火建築物を建築　＋10％

| 指定建蔽率　　60％ |
| 敷地　　　　100㎡ |
| 防火地域 |

100㎡×（60％＋10％）＝70㎡
➡建築面積70㎡まで建築可能

（注）耐火建築物を建築

ケース２ 特定行政庁の指定した角地　＋10％

| 指定建蔽率　　60％ |
| 敷地　　　　100㎡ |

100㎡×（60％＋10％）＝70㎡
➡建築面積70㎡まで建築可能

ケース３ 特定行政庁の指定した角地であり、かつ、防火地域であり、耐火建築物を建築する　＋20％

| 指定建蔽率　　60％ |
| 敷地　　　　100㎡ |
| 防火地域 |

100㎡＋（60％＋10％＋10％）＝80㎡
➡建築面積80㎡まで建築可能

（注）耐火建築物を建築

ケース４ 指定建蔽率80％の敷地が防火地域に指定されており、耐火建築物を建築する　80％→100％（建蔽率の制限がなくなる）

| 指定建蔽率　　80％ |
| 敷地　　　　100㎡ |
| 防火地域 |

100㎡×100％＝100㎡
建蔽率の制限がなくなる。
建蔽率の上では、敷地と
同じ形の建物が建てられる。

（注）耐火建築物を建築

> 注意！　敷地に接している道路の幅員が４ｍ未満の場合、セットバック部分は、建蔽率や容積率の計算上、敷地面積に算入しない。

■建蔽率の計算　敷地が複数の建蔽率にわたるケース

ケース1　防火地域および角地ではない

指定建蔽率　60%	指定建蔽率　80%
敷地　　　80㎡	敷地　　　120㎡
甲地	乙地

80㎡×60%+120㎡×80%=144㎡

➡敷地全体に144㎡の建築面積まで建築できる。

◎建蔽率　　$60\% \times \dfrac{80㎡}{80㎡+120㎡} + 80\% \times \dfrac{120㎡}{80㎡+120㎡} = 72\%$

ケース2　特定行政庁の指定した角地

指定建蔽率　60%	指定建蔽率　80%
敷地　　　80㎡	敷地　　　120㎡
甲地	乙地

・甲地と乙地を一体として利用する場合、甲地も角地として緩和される。

80㎡×(60%+10%)+120㎡×(80%+10%)=164㎡

➡敷地全体に164㎡の建築面積まで建築できる。

◎建蔽率　　$(60\%+10\%) \times \dfrac{80㎡}{80㎡+120㎡} + (80\%+10\%) \times \dfrac{120㎡}{80㎡+120㎡}$
　　　　　$=82\%$

ケース3 特定行政庁の指定した角地、かつ、防火地域に耐火建築物

指定建蔽率 　60%	指定建蔽率 　　80%
敷地 　　　　80㎡	敷地 　　　　120㎡
準防火地域	防火地域
甲地	乙地

（注）耐火建築物を建築

$80㎡ × (60\% + 10\% + 10\%) + 120㎡ × 100\% = 184㎡$

➡敷地全体に184㎡の建築面積まで建築できる。

◎建蔽率　$(60\% + 10\% + 10\%) × \dfrac{80㎡}{80㎡ + 120㎡} + 100\% × \dfrac{120㎡}{80㎡ + 120㎡} = 92\%$

ケース4 3筆の敷地を一体として建築する場合

指定建蔽率 　60%	指定建蔽率 　　80%
敷地 　　　　80㎡	敷地 　　　　120㎡
準防火地域	防火地域
甲地	乙地

指定建蔽率 　50%
敷地 　　　　200㎡
準防火地域 　丙地

（注1）耐火建築物を建築

（注2）特定行政庁の指定した角地

甲地80㎡ × (60% + 10% + 10%) + 乙地120㎡ × 100% + 丙地200㎡
× (50% + 10% + 10%) = 324㎡

➡敷地全体に324㎡の建築面積まで建築できる。

◎建蔽率　$(60\% + 10\% + 10\%) × \dfrac{80㎡}{80㎡ + 120㎡ + 200㎡} + 100\%$

$× \dfrac{120㎡}{80㎡ + 120㎡ + 200㎡} + (50\% + 10\% + 10\%) × \dfrac{200㎡}{80㎡ + 120㎡ + 200㎡}$

$= 81\%$

10 容積率制限

1 容積率制限

　採光、通風等の市街地環境の確保や建築物と道路等の公共施設とのバランスを確保することを目的として、建築物を建築する場合、延べ面積の敷地面積に対する割合の限度が定められている。これを容積率制限という。

（1）容積率とは

$$容積率 = \frac{延べ面積}{敷地面積}$$

（2）容積率の制限

用途地域	容積率
第一種低層住居専用地域 第二種低層住居専用地域 田 園 住 居 地 域	$\dfrac{5}{10}$　$\dfrac{6}{10}$　$\dfrac{8}{10}$　$\dfrac{10}{10}$　$\dfrac{15}{10}$　$\dfrac{20}{10}$　のいずれか
第一種中高層住居専用地域 第二種中高層住居専用地域 第 一 種 住 居 地 域 第 二 種 住 居 地 域 準 住 居 地 域 近 隣 商 業 地 域 準 工 業 地 域	$\dfrac{10}{10}$　$\dfrac{15}{10}$　$\dfrac{20}{10}$　$\dfrac{30}{10}$　$\dfrac{40}{10}$　$\dfrac{50}{10}$　のいずれか
工 業 地 域 工 業 専 用 地 域	$\dfrac{10}{10}$　$\dfrac{15}{10}$　$\dfrac{20}{10}$　$\dfrac{30}{10}$　$\dfrac{40}{10}$　のいずれか
商 業 地 域	$\dfrac{20}{10}$　$\dfrac{30}{10}$　$\dfrac{40}{10}$　$\dfrac{50}{10}$　$\dfrac{60}{10}$　$\dfrac{70}{10}$　$\dfrac{80}{10}$　$\dfrac{90}{10}$　$\dfrac{100}{10}$　$\dfrac{110}{10}$　$\dfrac{120}{10}$　$\dfrac{130}{10}$
用途地域の指定のない区域	$\dfrac{5}{10}$　$\dfrac{8}{10}$　$\dfrac{10}{10}$　$\dfrac{20}{10}$　$\dfrac{30}{10}$　$\dfrac{40}{10}$　のいずれか

◎上記のなかから都市計画で定める。用途地域の指定のない区域については、特定行政庁が定める。

（3）前面道路の幅員による容積率

前面道路（2つ以上に面する場合は幅の広いもの）の幅員が12m未満の場合は、次のa、bのうち小さいほうが限度となる。

なお、前面道路の幅員が12m以上の場合は、都市計画で指定されている容積率が適用される。

a　都市計画で定められる容積率
b　道路の幅員 × 法定乗数※

※　ここにいう法定乗数とは、次の数値である。

①　住居系の用途地域：$\dfrac{4}{10}$

（特定行政庁が都市計画審議会の議を経て指定する区域：$\dfrac{6}{10}$）

②　非住居系の用途地域および用途地域の指定のない区域：$\dfrac{6}{10}$

（特定行政庁が指定する区域：$\dfrac{4}{10}$ または $\dfrac{8}{10}$）

（4）地域の内外にわたる場合

建築物の敷地が容積率の制限を受ける地域または区域の2以上にわたる場合、各地域内の容積率の限度に、その敷地の当該地域にある各部分の面積の敷地面積に対する割合を乗じて得たものの合計（加重平均）が容積率の限度となる。

(5) 容積率の緩和

① 前面道路が特定道路に接続する場合の緩和

前面道路の幅員が**6m以上12m未満**で、かつ、前面道路に沿って幅員**15m以上**の道路（特定道路という）からの延長が**70m以内**にある敷地の場合は、次のア、イのうち小さいほうが限度となる。

> ア　都市計画で定められた容積率
> イ　（道路の幅員 ＋ A※）× 法定乗数

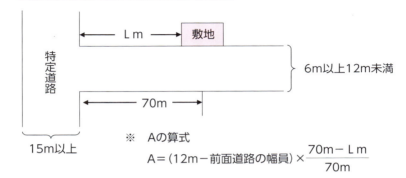

※　Aの算式

$$A = (12m - 前面道路の幅員) \times \frac{70m - Lm}{70m}$$

なお、この規定により、前面道路の幅員による容積率は緩和されるが、都市計画において定められた容積率が限度となる。

② 自動車車庫、駐車場等で床面積が建築物全体の延面積全体の**5分の1**までのものは延べ面積に算入されない。

③ 建築物の地階でその天井が地盤面からの高さ1m以下にあるものの住宅（老人ホームも対象）の用途に供する部分の床面積は延べ面積に算入されない（ただし、当該床面積が当該建築物の住宅の用途に供する部分の床面積の合計の**3分の1**を超える場合には、当該建築物の住宅の用途に供する部分の床面積の合計の**3分の1**まで）。

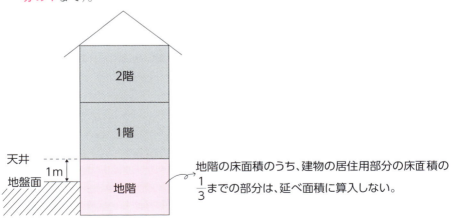

④ 共同住宅（老人ホームも対象）の容積率の不算入措置

容積率の除外対象となる部分は、通常の共用廊下、階段のほか、エントランスホール、エレベーターホール、エレベーターの昇降路部分、階段の代わりに設ける車椅子用等のスロープ等である。

⑤ 容積率緩和制度

全部または一部を住宅の用途に供する建築物であって次の要件を満たしたものは、都市計画において定められた容積率の1.5倍を上限に、住宅部分の延べ床面積に占める住宅の床面積の割合に応じて定められている方法により算出した数値に緩和される。

- 第一種住居地域、第二種住居地域、準住居地域、近隣商業地域もしくは準工業地域または商業地域内にあること。
- その敷地内に政令で定める規模以上の空地（一定の部分が道路に接していること）を有していること。
- 敷地の規模が一定以上であること。

⑥ 特例容積率適用地区

都市計画法で特例容積率適用区域に指定された区域間で、容積率の計算のうち未利用の部分を他の敷地に移転できる制度である。

特例容積率適用地区は、第一種・第二種中高層住居専用地域、第一種・第二種住居地域、準住居地域、近隣商業地域、商業地域、準工業地域、工業地域内の一定の区域が指定される。

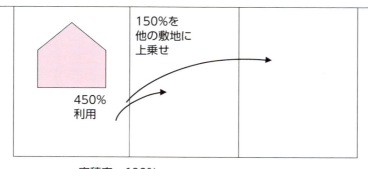

POINT!

建築物の敷地が12m未満の道路に面する場合、容積率の限度は都市計画で指定された容積率と道路の幅員に法定乗数を乗じたものとのいずれか厳しいほうが適用される。

■容積率

6m

| 指定容積率 300% |
| 敷地 100㎡ |
| ケース1 |
| 　住居系の用途地域 |
| ケース2 |
| 　商業、工業系の用途地域 |

・前面道路の幅員が12m未満の場合は、指定容積率と次の計算による数値を比較し、厳しいほうの数値を容積率の計算に用いる。

$$前面道路の幅員 \times \begin{cases} ケース1 \cdots 住居系の用途地域：\dfrac{4}{10} \\ ケース2 \cdots 商業系、工業系の用途地域、その他：\dfrac{6}{10} \end{cases}$$

ケース1

$$6\,m \times \frac{4}{10} = \frac{24}{10} = 240\%$$

指定容積率300%と比較し、厳しいほうの240%を計算に用いる。
100㎡×240%＝240㎡
➡240㎡の延べ面積まで建築できる。

ケース2

$$6\,m \times \frac{6}{10} = \frac{36}{10} = 360\%$$

指定容積率300%と比較し、厳しいほうの300%を計算に用いる。
100㎡×300%＝300㎡
➡300㎡の延べ面積まで建築できる。

（注1）敷地が複数の道路に面している場合、前面道路は最も幅の広いものをいう。
（注2）前面道路が12m以上の場合は、指定容積率で計算する。

第3章 不動産に関する法令上の規制

10　容積率制限　　65

■容積率の計算　敷地が、複数の容積率にまたがるケース

ケース１

6m

指定容積率　300%	指定容積率　300%
第二種住居地域	近隣商業地域
敷地　　　　　80㎡	敷地　　　　　120㎡
甲地	乙地

$6m \times \dfrac{4}{10} = \dfrac{24}{10} = 240\%$ 　　　$6m \times \dfrac{6}{10} = \dfrac{36}{10} = 360\%$

240%＜300%　　　　　　360%＞300%

80㎡×240%＋120㎡×300%＝552㎡

➡552㎡の延べ面積まで建築できる。

◎容積率　$240\% \times \dfrac{80㎡}{80㎡＋120㎡} + 300\% \times \dfrac{120㎡}{80㎡＋120㎡} = 276\%$

ケース２

6m

指定容積率　300%	指定容積率　300%
第二種住居地域	近隣商業地域
敷地　　　　　80㎡	敷地　　　　　120㎡
甲地	乙地

4m

指定容積率　200%
準工業地域
敷地　　　　　200㎡
丙地

ケース１より、甲地240%、乙地300%

丙地は、　$6m \times \dfrac{6}{10} = \dfrac{36}{10} = 360\%$

　　　　　200%＜360%

甲地80㎡×240%＋乙地120㎡×300%＋丙地200㎡×200%＝952㎡

➡952㎡の延べ面積まで建築できる。

◎容積率　$240\% \times \dfrac{80㎡}{80㎡+120㎡+200㎡} + 300\% \times \dfrac{120㎡}{80㎡+120㎡+200㎡}$
$+ 200\% \times \dfrac{200㎡}{80㎡+120㎡+200㎡} = 238\%$

■容積率の計算　特定道路による容積率の緩和

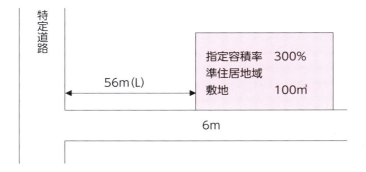

参考式　$(12m - 前面道路幅員) \times \dfrac{70m - L}{70m}$

この算式による数値を前面道路の幅員に加えた上で、法定乗数$\left(\dfrac{4}{10}または\dfrac{6}{10}\right)$を乗じる。このケースでは準住居地域の$\dfrac{4}{10}$を乗じる。

計算式　$(12m - 6m) \times \dfrac{70m - 56m}{70m} = 1.2m$

前面道路　$(6m + 1.2m) \times \dfrac{4}{10} = \dfrac{28.8}{10} = 288\%$

288% ＜ 300%
100㎡ × 288% = 288㎡
➡288㎡の延べ面積まで建築できる。

【計算上の注意】
・容積率を計算する際、セットバック部分は面積に算入しない。
・前面道路の幅員が4m未満の場合、セットバック後の4mとして、法定乗数による計算をする。

10　容積率制限　67

11 建築物の各部分の高さ

> **建築物の高さの規制**
> 建築物の高さの制限として、道路斜線制限、隣地斜線制限、北側斜線制限がある。

1 道路斜線制限

(1) 原則

すべての用途地域および用途地域の指定のない区域で適用される。建築物の各部分の高さは、その部分から前面道路の反対側の境界線までの水平距離に一定の数値を乗じた数値以下でなければならない。

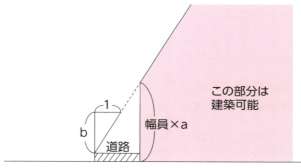

a・bはそれぞれ
居住系地域…原則 1.25
その他の用途地域…1.5
用途地域の指定のない
区域…1.25 または 1.5

(2) 緩和措置

前面道路の境界線から後退して建築する建物の道路斜線は、前面道路の反対側の境界線から当該建物の後退距離だけ外側の線とされる。

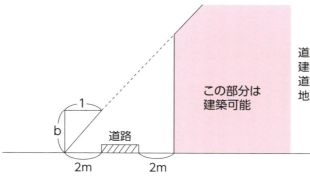

道路境界線から 2m 離して
建物を建築する場合、
道路の反対側も 2m 離した
地点からの斜線となる。

（3）複数の道路に面している敷地は、道路ごとに道路斜線制限を受ける

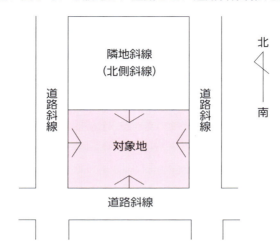

（4）天空率による制限（緩和）

斜線制限と同程度以上の採光や通風等が確保されるものとして一定の計算（天空率）による基準に適合する建築物は、道路斜線制限は適用されない。

2 隣地斜線制限

（1）原則

建築物を建築する際には、隣地境界線との間に一定の空間を設けるようにしなければならない。立上がりの高さが、**住居系**（低層住居専用地域、田園住居地域および高層住居誘導地区内の一定の建築物を除く）では**20m**、その他の用途地域では**31m**であるから、これより低い建築物については適用されない。

なお、**第一種・第二種低層住居専用地域**および田園住居地域内においては、建築物の高さの制限（**10m**または**12m**）があるので、この制限は適用されない。

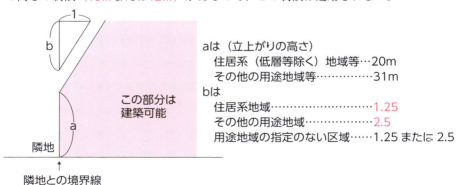

11 建築物の各部分の高さ 69

(2) 天空率による制限（緩和）

　斜線制限と同程度以上の採光や通風等が確保されるものとして一定の計算（天空率）による基準に適合する建築物は、隣地斜線制限は適用されない。

3 北側斜線制限

（1）原則

　北側に位置する隣地の日照を確保するため、敷地境界線との間に一定の空間を設けなければならない。ここでは立上がりの高さが、低層住居専用地域および田園住居地域では5m、中高層住居専用地域では10mとなる。

（2）適用区域

① 第一種低層住居専用地域
② 第二種低層住居専用地域
③ 田園住居地域
④ 第一種中高層住居専用地域（日影規制の適用を受けるものを除く）
⑤ 第二種中高層住居専用地域（日影規制の適用を受けるものを除く）

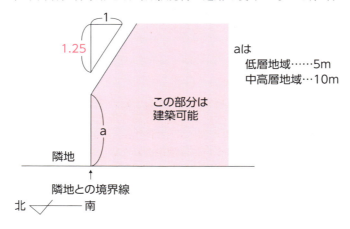

（3）天空率による制限（緩和）

　斜線制限と同程度以上の採光や通風等が確保されるものとして一定の計算（天空率）による基準に適合する建築物は、北側斜線制限は適用されない。

POINT!

建築物の高さを制限するために斜線制限がある。
それぞれ天空率の緩和がある。

12 日影規制

　日影規制の区域内にある一定の建築物は、隣地に一定以上の日影を生じさせることのないよう、高さの制限を受ける。

(1) 原則
　地方公共団体の条例で指定される区域内で、一定の中高層建築物を建築する場合は冬至日の午前8時から午後4時まで（北海道では午前9時から午後3時まで）の間において、一定の時間、隣地に日影を生じさせることのないものとしなければならない。

(2) 制限を受ける中高層建築物
① 原則として、高さ10mを超える建築物。
② 第一種・第二種低層住居専用地域および田園住居地域では、軒高7m超、または3階（地階を除く）以上の建築物。
なお、商業地域・工業地域・工業専用地域は日影規制の対象外である。

(3) その他の規定
① 同一の敷地内に2以上の建築物がある場合は、これらの建築物を1つの建築物とみなして、日影規制を適用する。

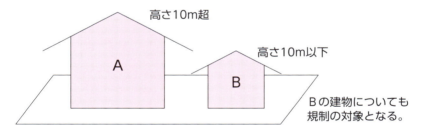

② 日影規制の適用区域外にある建物であっても、高さ10m超で冬至日に日影規制対象区域内の土地に一定時間以上の日影を生じさせるときは、日影規制対象区域内にあるものとみなして、日影規制を適用する。

POINT!
日影規制の適用を受ける区域は、地方公共団体の条例で定める。都市計画で指定されるわけではない。

13 防火地域・準防火地域

市街地の建築物が密集している地域では、火災が燃え広がって大災害につながるおそれがある。そこで、防火地域、準防火地域に指定された区域内では、一定の防火に関する規定が適用される。

1 防火地域

（1）耐火建築物としなければならないもの（耐火構造等とした場合と同等に周囲への延焼リスクを低減することができる建築物を含む）
　　階数3（地階を含む）以上の建築物、または延べ面積100㎡超の建築物

（2）耐火建築物または準耐火建築物としなければならないもの（耐火構造等とした場合と同等に周囲への延焼リスクを低減することができる建築物を含む）
　　（1）および（3）以外の建築物

（3）適用除外
　①　延面積50㎡以内の平屋建ての付属建築物で外壁・軒裏が防火構造の建築物
　②　卸売市場の上家または機械製作工場で主要構造部が不燃材料で造られたもの、その他火災のおそれの少ない用途に供する建築物
　③　高さ2mを超える門・塀で、不燃材料で造りまたはおおわれたもの（一定の範囲で木材の利用も可能）
　④　高さ2m以下の門・塀

2 準防火地域

（1）耐火建築物としなければならないもの（耐火構造等とした場合と同等に周囲への延焼リスクを低減することができる建築物を含む）
　　階数4（地階を除く）以上の建築物、または延べ面積1,500㎡超の建築物

（2）耐火建築物または準耐火建築物としなければならないもの（耐火構造等とした場合と同等に周囲への延焼リスクを低減することができる建築物を含む）
　　延べ面積500㎡超1,500㎡以下の建築物

（3）耐火建築物または準耐火建築物または防火上必要な政令で定める技術的基準（耐火構造等とした場合と同等に周囲への延焼リスクを低減することができる建築物を含む）に該当する建築物としなければならないもの
　　階数3（地階を除く）以上の建築物

（4）木造建築物等

木造建築物等は、木造建築物の外壁・軒裏で延焼のおそれのある部分を防火構造とし、付属する高さ2m超の門または塀で延焼のおそれのある部分を不燃材料で造りまたはおおわなければならない。

3 建築物が防火地域等の内外にわたる場合

建築物が、防火地域、準防火地域、防火・準防火地域に指定されていない区域にわたる場合は、その建築物全部について、最も厳しい地域の規定が適用される。

ただし、その建築物が防火地域または準防火地域外において防火壁で区画されている場合は、防火壁外の部分については制限の緩い地域の規制が適用される。

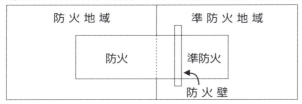

4 その他

① 防火地域・準防火地域にある建築物で外壁が耐火構造のものについては、その外壁を隣地境界線に接して設けることができる。
② 建蔽率の計算で、建築物の敷地が防火地域の内外にわたる場合、敷地全体が防火地域とみなされ、耐火建築物を建築する等、要件を満たせば防火地域に指定されていない部分の建蔽率も緩和される。

POINT!

建築物が、防火地域と準防火地域など異なる制限の地域にわたる場合、敷地全体が最も厳しい地域の規定が適用される。

14 (参考) 一定の複数建築物に対する制限の特例（連坦建築物設計制度）

　連坦建築物設計制度とは、既存の建物を含む複数の敷地を一体として合理的な設計を行う場合に、特定行政庁の認定により、当該敷地群を１つの敷地とみなして、接道義務、容積率制限、建蔽率制限、斜線制限、日影規制等を適用できる制度である。

■例

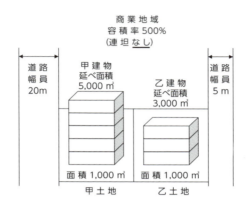

　乙土地は幅員５mの前面道路に面しているため容積率は $300\%\left(5\,\mathrm{m}\times\dfrac{6}{10}\right)$ であるが、連坦建築物設計制度を適用することにより、甲土地と一体とみなされるため、幅員20mで容積率の計算をすることができ、指定容積率の500％が容積率の制限となり、200％の余剰容積率が発生する。

　そこで、次の ケース１・２ の特例が適用できる。

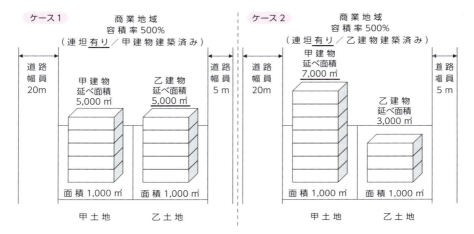

ケース1
　甲建物がすでに建築済みの場合は、乙土地も20mの前面道路で計算した容積率を適用でき、500％までの容積率の建物が建築できる。

ケース2
　乙建物がすでに建築済みの場合は、乙建物は最大500％の容積率が適用できるにもかかわらず300％しか利用していないため、余剰の200％を甲土地に譲ることができ、甲建物は甲土地の容積率の制限500％に加え、乙土地の余剰分200％を加えて建築できる。

POINT!
連坦建築物設計制度は、異なる敷地を1つの敷地とみなし、容積率の計算などができる制度である。

15 建築協定

　市町村が条例で定めた区域内では、より良好な生活環境の確保等のために建築物の敷地、位置、構造、用途、形態、意匠または建築設備に関して、建築に関する協定を結ぶことができる制度を設けている。

（1）建築協定の認可
　土地の所有者および借地権者の全員の合意により、建築協定を締結することができる。この場合において、借地権の目的になっている土地について、所有権者の合意が得られないときは、借地権者の合意でよい。
　また、分譲予定地などで、土地の所有者が1人の場合でも建築協定を定めることができる。

（2）建築協定の効力
　特定行政庁による認可の公告があった日以後に、その建築協定区域内の土地の所有者や借地権者となったものに対しても効力が及ぶ。

（3）建築協定の変更と廃止
　①　変更には土地所有者・借地権者全員の合意と特定行政庁の認可が必要。
　②　廃止には土地所有者・借地権者過半数の合意と特定行政庁の認可が必要。

POINT!
建築協定の締結と変更には全員の合意が必要である。

16 その他の制限

1 建築物の敷地面積の制限

都市計画で建築物の敷地面積の最低限度が定められた場合は、最低限度よりも、敷地を小さく分割することはできない。

ただし、敷地面積の最低限度の数値を200㎡を超えて定めることはできない。

なお、次の敷地は最低限度の制限を適用しない。

① 建蔽率が80％で、かつ、防火地域内にある耐火建築物

② 公衆便所、巡査派出所等

2 建築物の絶対高さ制限

第一種・第二種低層住居専用地域および田園住居地域内では、建築物の高さは原則として10mまたは12mのうち、都市計画で定めた高さを超えることはできない。

第一種・第二種低層住居専用地域および田園住居地域内は、この絶対高さの制限があるため、隣地斜線制限の適用はない。

第3章 不動産に関する法令上の規制

POINT!

第一種・第二種低層住居専用地域および田園住居地域には、絶対高さの制限があるため、隣地斜線制限は適用されない。

17 国土利用計画法

　国土利用計画法は、総合的かつ計画的な国土の利用を図る目的のため、①国土利用計画や土地利用基本計画を作成、②土地取引を利用目的や価格の面から規制、③遊休土地の利用促進等を定めている。

1 土地に関する権利の移転等の届出

　国土利用計画法では、地価を抑制するため売買契約の内容に関して、都道府県知事への届出および許可の規定がある。

（1）規制の対象となる土地売買契約
　次のすべてを満たす契約が規制の対象となる。
① 所有権、地上権、賃借権の移転または設定であること。
② 対価を得て行われること。
③ 契約（予約および条件付契約を含む）であること。
　〈該当する例〉
　　売買契約、売買予約、権利金の授受のある地上権・賃借権の設定など。
　〈該当しない例〉
　　予約完結権の行使、贈与、遺産分割、権利金の授受のない地上権・賃借権の設定など。

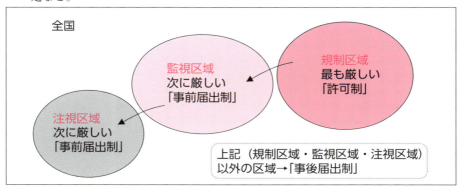

2 事後届出制

　売買契約を締結した**権利取得者**（売買の場合は買主）は、契約締結から2週間以内に、当事者の氏名、契約を締結した年月日、土地の利用目的、対価等を土地所在地の市町村長を経由して都道府県知事に届け出なければならない。
　なお、届出をしない場合でも契約が無効となることはない。

(1) 届出不要の場合
① 次の面積未満の土地について契約をした場合。

市街化区域	2,000㎡未満
市街化調整区域、非線引き都市計画区域	5,000㎡未満
都市計画区域外の区域	1万㎡未満

(注) ただし、権利取得者が一団の土地を取得する場合で、それぞれの敷地面積が上記の規定未満であっても合計すると面積に達する場合は許可を要する。

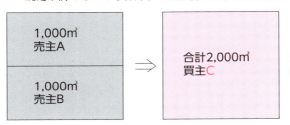

② 規制区域、監視区域、注視区域は、許可もしくは事前の届出が必要なため、事後届出は不要である。
③ 当事者の一方または双方が、国、地方公共団体である場合等。

(2) 都道府県知事の審査と勧告
都道府県知事は、土地の利用目的のみ審査をし、必要があれば勧告（**対価については勧告されない**）できる。

この勧告は、原則として届出の日から3週間以内（3週間の範囲内で延長できる）にしなければならない。

また、勧告を受けたものが従わないときは、その旨および勧告の内容を公表できる。

3 注視区域、監視区域における土地取引等の事前届出制

注視区域や監視区域で土地の売買契約を締結する場合には、契約の当事者は、当事者の氏名、契約を締結した年月日、土地の利用目的、対価等を土地所在地の市町村長を経由して、都道府県知事に事前に届け出なければならない。

なお、届出をしない場合でも契約が無効となることはない。

(1) 届出不要の場合
① 監視区域は、都道府県知事が定める面積未満である場合。
② 注視区域は、事後届出と同様に、以下の面積未満の場合。

市街化区域	2,000㎡未満
市街化調整区域、非線引き都市計画区域	5,000㎡未満
都市計画区域外の区域	1万㎡未満

(注) ただし、一団の土地で分割後に上記面積未満になる場合でも届出を要する。
また、権利取得者が一団の土地を取得する場合に、それぞれの面積が上記面積未満でも合計すると上記面積に達する場合には届出を要する。

17 国土利用計画法

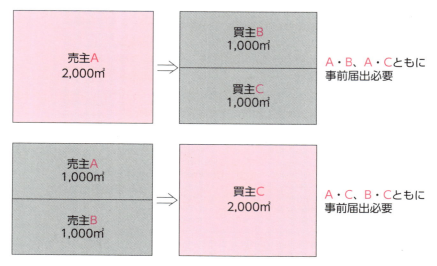

(注) 当事者の一方または双方が国、地方公共団体等の場合は届出不要。

(2) 都道府県知事の審査と勧告

事前の届出後6週間は契約できない(勧告または不勧告の通知を受けた場合を除く)。

都道府県知事は、土地の利用目的が明らかに不適切な場合や、予定対価の額が著しく適正を欠く場合等は、①契約中止、②利用目的の変更、③予定対価の変更を勧告できる。

また、勧告を受けたものが従わないときは、その旨および勧告の内容を公表できる。

4 規制区域における土地取引の許可制

規制区域で土地の売買契約等を締結する場合には、都道府県知事の許可が必要であり、許可を受けずに行った契約は無効である。

POINT!
事後届出は、権利取得者のみで行う。

18 農地法

　農地法は、①農業生産力の低下を防ぎ、農地の無秩序な転用・乱用を防ぐこと、②耕作者の農地の取得を促進し、その権利を保護し耕作者の地位の安定を図ることを目的としている。そこで、農地の所有権や地上権、賃借権等の移転や他の用途への転用を原則として許可制にしている（例外として、国または都道府県へ売却する場合は、県知事との協議で許可があったものとみなされる）。
　農地法の「農地」とは耕作の目的に供される土地をいう。登記簿上の地目と関係なく客観的な事実状態により判断される。また、果樹園や一時的に耕作されていない遊休地は農地であるが、家庭菜園等は農地ではない。
　「採草放牧地」とは農地以外の土地で、主として耕作または養畜の事業のための採草または、家畜の放牧のための土地をいう。
　農地法の申請は、行政書士に依頼する。

1 権利移動（農地法3条）

　農地を農地として、採草放牧地を採草放牧地として、採草放牧地を農地として売却する場合や、地上権の設定をする場合には農業委員会の許可が必要であり、許可を受けないで行った契約は無効となり罰則（3年以下の懲役または300万円以下の罰金）もある。
　なお、相続により取得した場合は、3条の許可は不要であるが、農業委員会に届出をしなければならない。

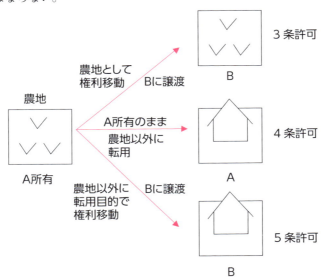

18　農地法　81

2 転用（農地法4条）

　農地を農地以外のものに自ら転用する場合には、都道府県知事等の許可が必要であり、許可を受けずに行った転用は工事の中止や原状回復を命じられることがあり罰則（3年以下の懲役または300万円以下の罰金）もある。

　なお、採草放牧地の転用は4条の許可不要。

　また、市街化区域内の農地を他の用途に転用する場合は、あらかじめ農業委員会に届出をすることで都道府県知事の許可は不要となる。

3 権利移動と転用（農地法5条）

　農地や採草放牧地を他の用途に転用する目的（採草放牧地を農地に転用する目的で権利移動する場合は3条の許可）で権利移動する場合には、都道府県知事等の許可が必要であり、許可を受けずに行った場合、契約は無効で原状回復などを命じられることがある。また、罰則（3年以下の懲役または300万円以下の罰金）もある。

　なお、市街化区域内の農地を他の用途に転用する場合は、あらかじめ農業委員会に届出をすることで都道府県知事の許可は不要となる。

POINT!

市街化区域内の農地は、あらかじめ農業委員会に届出ることで4条、5条の許可は不要となる。3条は、市街化区域内の農地も許可を要する。

19 生産緑地法

生産緑地法は、生産緑地地区に関する都市計画に関し必要な事項を定めることにより、農林漁業との調整を図りつつ、良好な都市環境の形成に資することを目的としている。

1 生産緑地地区

以下のような要件を備えた農地について市町村が都市計画で定める。
① 市街化区域内の一団の農地（個々の農地が100㎡以上であれば、同一または隣接する街区内の複数の農地を一団とみなして指定可能）であること
② 公害、災害の防止等の良好な生活環境の確保に相当の効用があり、かつ、公共施設等の敷地の用に供する土地として適していること
③ 500㎡以上（条例で300㎡まで引下げ可能）の規模であること
④ 用排水その他農業の継続が可能であること　　等

2 行為制限

生産緑地地区内では、一定の農林漁業用の施設を除き、建築物の建築等には市町村長の許可が必要である。

3 買取りの申し出等

生産緑地の所有者は、次の場合には市町村長に対し、農地等の時価による買取りを申し出ることができる。
① 都市計画の告示から30年を経過したとき
② 生産緑地に係る農林漁業の主たる従事者が死亡、または農林漁業に従事することを不可能にさせる故障を有するに至ったとき

POINT!

生産緑地地区内で建築物の建築をする場合には、市町村長の許可が必要である。

第3章　不動産に関する法令上の規制

19　生産緑地法　83

20 土地区画整理法

　土地区画整理法は、土地区画整理事業により道路を碁盤の目のように配置する等、整然とした街を造るための規定である。

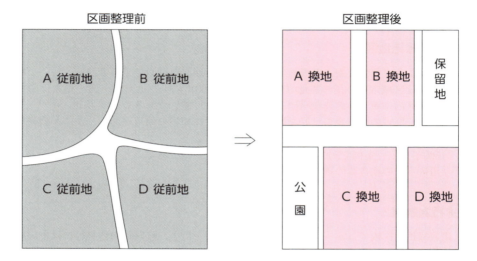

1 土地区画整理事業の概要

（1）施行者
① 個人：土地所有者もしくは借地権者等は、1人または数人共同で行うことができる。
② 組合：土地所有者または借地権者は、7人以上で土地区画整理組合を設立し事業を行うことができる。
③ 区画整理会社：土地所有者または借地権者は、株式会社を設立し事業を行うことができる。
④ その他、都道府県や市町村も事業を行うことができる。

2 土地区画整理事業の手続き

（1）換地計画
　土地区画整理を行うことで道路や公園等を整備し宅地の再配置を行うが、従前の宅地に換えて新たに取得する宅地を換地という。

(2) 減歩

土地区画整理事業では、道路の拡幅や公園の設置を行うが、必要な土地は土地区画整理の参加者から提供してもらうことにより行う。これを減歩という。

(3) 保留地

土地区画整理事業では、一定の土地を換地として定めず、その土地を売却して事業の費用に充てる。この土地を保留地という。

(4) 仮換地

大規模な土地区画整理事業になると工事開始から完了までに相当の時間がかかる。そこで、工事がすべて完了していなくても建築物の移転除去や道路などの公共施設の工事が完了した宅地については、仮換地に指定することができ、指定されると当該宅地の使用を開始できるようになる。

3 仮換地の指定の効果

仮換地が指定された場合、従前の宅地を使用収益する権原を有するものは、仮換地の指定の効力発生日から換地処分の公告までの期間、仮換地を使用収益できる。仮換地に指定されると従前の宅地は使用収益できなくなる。

また、仮換地に指定された後も所有権は従前の宅地に存するため、売買契約を締結する場合は従前の宅地の住所で行うことになる。抵当権の設定も同様に従前の宅地に設定される。

なお、売買等で仮換地を取得したものは、仮換地を使用収益できる。

■仮換地指定後

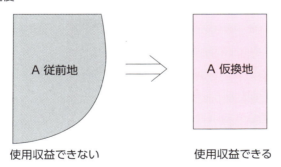

(注) 所有権は従前地に残る。仮換地に指定された後に売買契約を締結したり、抵当権を設定する場合は、従前地の住所で行う。

4 換地処分

土地区画整理事業のすべての工事が完了すると権利者に関係事項を通知し、土地は正式に割り当てられる。これを換地処分という。

5 事業地内の建築行為等の制限

土地区画整理事業の施行の認可の公告があった日から換地処分の公告がある日まで、事業地内で施行の障害となる土地の形質の変更や建築物の建築等を行う場合、都道府県知事等の許可を得なければならない。

■土地区画整理の流れ

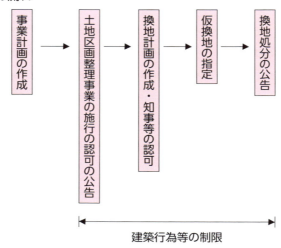

POINT!

仮換地に指定された後は、将来の換地を使用できるが、所有権は従前の宅地に残るため、売買契約や抵当権の設定は従前の土地に行う。

21 区分所有法（建物の区分所有等に関する法律）

分譲マンションのように各部屋が構造上他の部屋と区分され、独立して住居や店舗等の用途に供される部分を有する建物を区分所有建物という。本来、1棟の建物には1つの所有権しか存在しないが、分譲マンション等は例外として、それぞれ区分された部分を目的とする所有権を認めている。これを区分所有権という。

区分所有法は、区分所有権について定めている法律である。

1 専有部分と共用部分、敷地利用権

区分所有建物は専有部分と共用部分で構成されている。

（1）専有部分
各部屋のことで、構造上も利用上も他の部分から独立していて、区分所有権の目的となる建物の部分をいう。

（2）共用部分
専有部分以外の建物の部分をいう。例えば、玄関、階段、管理人室、集会室等である。この共用部分は法定共用部分と規約共用部分に分けられる。
① 法定共用部分
玄関ホール、廊下、階段等、当然に共用部分となるべき部分。
② 規約共用部分
集会室や管理室等、本来ならば専有部分となりうるが、規約によって共用部分とされた部分をいう。
規約共用部分を第三者に対抗するには、その旨の登記が必要である。

（3）共用部分の権利関係
共用部分は原則として、区分所有者全員の共有となる。ただし、一部のもののみが利用することが明らかである場合には、それを利用する一部の区分所有者の共有となる。
① 持分
共用部分の持分は原則として、専有部分の床面積の割合によるが、規約で別段の定めをすることもできる。
② 分離処分の禁止
共用部分の持分は、専有部分と切り離して処分することはできない。

（4）共用部分の管理
① 保存行為
修繕等の現状維持のための行為をいう。保存行為は、各区分所有者が単独で行

21 区分所有法（建物の区分所有等に関する法律） 87

うことができる。ただし、規約で別段の定めをすることができる。

② 管理行為

　保存行為、利用行為、改良行為を総称して管理行為という。例えば、損害保険契約をする場合等は管理行為にあたる。保存行為を除いては、区分所有者および議決権の各過半数の議決により行うことができる。ただし、規約で別段の定めをすることができる。

③ 変更行為

(a) その形状の著しい変更を伴わないもの（軽微なもの）は、区分所有者および議決権の各過半数の議決により行うことができる。

(b) その形状の著しい変更を伴わないものを除くもの（重大な変更）は、区分所有者および議決権の各4分の3以上の議決により行うことができる。ただし、規約で区分所有者の定数は過半数まで減じることができる。

(注) これらの行為により専有部分の使用に特別の影響を及ぼす時は、専有部分の所有者の承諾を得なければならない。

(5) 敷地利用権

　区分所有建物を所有していても、土地を利用する権利がなければ建物を利用できない。このように専有部分を所有するための建物の敷地に関する権利を敷地利用権という。

　敷地利用権には所有権と借地権（地上権または土地賃借権）がある。

　敷地利用権が数人で有する所有権その他の権利である場合には、区分所有者は原則として、その専有部分とその専有部分に係わる敷地利用権とを分離して処分することはできない。

　ただし、規約で区分所有者が特に分離処分を許可した場合は除かれる。この分離処分禁止に違反してなされた処分は無効であるが、分離処分禁止の旨の登記がなされる前に処分を受けたものが善意であるときは、そのものに対して無効を主張することができない。

2 管理

(1) 区分所有者の団体（管理組合）

　区分所有者は全員で建物、敷地および付属建物の管理を行うための団体を構成する。これを管理組合といい、管理者を置くことができる。

　管理者は集会の決議で選任または解任されるが、規約で別段の定めをすることもできる。

(2) 管理組合法人

　管理組合は、集会による区分所有者数および議決権の各4分の3以上の多数の集会の決議および法人登記により、法人になることができる。

　なお、管理組合法人には、理事と監事を置かなければならない。

（3）区分所有者の権利義務等

　区分所有者は建物の保存に有害な行為や建物の管理または使用に関して区分所有者の共同の利益に反する行為をしてはならない。

　管理組合が区分所有者に対して有する債権は、その特定承継人（購入者等）に対しても請求できるので、例えば、区分所有者が管理費を滞納したまま区分所有建物を譲渡した場合、購入者は売主の滞納している管理費の請求を受けることがある。

（4）規約

　規約は、「当マンションではペット禁止」や「ショップ禁止」などのような区分所有建物を有する区分所有者相互間のルールである。

　規約は、原則として集会の特別決議（区分所有者および議決権の**各4分の3以上**の多数）で設定・変更・廃止することができる。また、規約を設定・変更・廃止することが一部の区分所有者の権利に特別の影響を与える場合は、そのものの承諾を得なければならない。

　規約の効力は、区分所有者はもちろん、区分所有者の包括承継人（相続等により取得したもの）、特定承継人（売買等により取得したもの）にもおよび、建物、敷地、付属施設の使用方法については占有者（賃借人やその家族等）にもその効力が及ぶ。

　規約の保管者は、利害関係のあるものから規約の閲覧を請求されたときは、正当な理由がある場合を除き、これを拒むことはできない。

（注）「区分所有者」とは区分所有者の頭数（1人で複数の専有部分を有していても1と数える。また、共有の場合も1）であり、「議決権」とは専有部分の床面積の割合のことをいう。

■3 集会、復旧・建替え、義務違反者に対する措置

（1）集会

　管理者が選任されている場合、管理者は少なくとも毎年1回集会を招集しなければならない。

　区分所有者の5分の1以上で議決権の5分の1以上を有するものは、管理者に会議の目的となる事項を提示して集会の招集を請求することができる。また、管理者がいない場合には自ら招集できる。ただし、この定数は規約で減ずることができる。

　なお、管理者は規約に別段の定めがなければ、集会の決議で選任または解任できる。

　集会の招集は、集会の開催日の少なくとも1週間前に会議の目的たる事項を示して各区分所有者に発しなければならない。ただし、この期間は規約で**伸縮**できる。

　専有部分を占有するもの（賃借人等）は、会議の目的たる事項について利害関係を有する場合は、集会に出席して意見を述べることができる。ただし、議決権はない。

　また、書面または電磁的方法（電子メール等）による全員の合意があった場合は、これをもって集会の決議があったものとみなされる。

（2）区分所有者および議決権の各４分の３以上の多数が必要な事項

　集会の決議は原則として区分所有者および議決権の各過半数で決められるが、重大なものについては特別な規定がある。

① 　共用部分の変更（その形状または効用の著しい変更を伴わないものを除く）。ただし、規約で区分所有者数の定数のみその過半数まで減じることができる。
② 　規約の設定・変更・廃止
③ 　区分所有者の共有となる建物の敷地、共用部分以外の付属施設（これらに関する権利を含む）の変更（その形状または効用の著しい変更を伴わないものを除く）
④ 　管理組合法人の設立・解散
⑤ 　義務違反者に対する専有部分の使用禁止請求および区分所有権の競売請求のための提訴
⑥ 　義務違反の占有者に対する引渡し請求および契約解除請求の提訴
⑦ 　建物価格の２分の１を超える滅失（大規模滅失）の場合の復旧

（3）復旧・建替え

① 　小規模滅失
　　建物価格の２分の１以下の滅失（小規模滅失）の場合、区分所有者は各自、復旧することができる。ただし、共用部分については、復旧工事着手前に集会の決議があった場合はそれに従い、各自復旧はできない。

② 　大規模滅失
　　建物価格の２分の１を超える滅失（大規模滅失）の場合、区分所有者および議決権の各４分の３以上の多数の決議による。なお、復旧決議に賛成しなかった区分所有者は、決議賛成者等に建物およびその敷地に関する権利を時価で買い取るよう請求できる。

③ 　建替え決議
　　集会において、区分所有者および議決権の各５分の４以上の賛成で、建替えの決議ができる。なお、集会の招集通知は、開催日の少なくとも２カ月前に発しなければならない。ただし、この期間は規約で伸長することができる。
　　建替え決議に賛成しなかった区分所有者は、建替えに参加するか否かの催告を受けた後、２カ月以内に回答しなければならないが、建替えに参加しない旨の回答をしたものは、建替え決議に参加した区分所有者等から建物および敷地利用権を時価で売り渡すよう請求を受ける。

④ 　団地形式のマンションの建替え
　　団地内のマンションの建替え決議には、建替承認決議と一括建替決議がある。
　(a) 　建替承認決議：一団のマンションの敷地が共有となっている場合で、敷地上の建物が、区分所有建物とそれ以外の建物が混在する場合
　(b) 　一括建替決議：一団のマンションの敷地が共有となっている場合で、建物全部が区分所有建物であり、全棟一括して建て替える場合

（4）義務違反者に対する措置

区分所有者が共同の利益に反する行為をした場合に区分所有者は、違反行為の停止、専有部分の使用禁止ができ、賃借人等の占有者が共同の利益に反する行為をした場合は専有部分の契約解除や引渡しの請求ができる。

■議決権のまとめ

必要数	議 決 内 容
4／5	建替え決議
3／4	規約の設定・変更・廃止
	管理組合法人の設立・解散
	義務違反者に対する訴訟提起（使用禁止、競売、契約解除および引渡し）
	大規模滅失の復旧決議
	共用部分の変更（その形状または効用の著しい変更を伴わないものを除く）
過半数	管理者の選任・解任
	義務違反者に対する行為の停止等請求の訴訟提起
	小規模滅失の復旧決議
	その形状または効用の著しい変更を伴わない共用部分の変更
	共用部分の管理
1／5	集会の招集請求・管理者がないときの招集
単　独	義務違反者に対する行為の停止等請求
	共用部分の保存行為
	小規模滅失の復旧（決議があるまで）

（注）集会の議事録が書面で作成されているときは、議長および集会に出席した区分所有者の2人がこれに署名しなければならない。

POINT!

建替え決議以外の集会の招集通知を発する期間は、規約で伸縮できる。建替え決議は伸長はできるが、短縮はできない。

21　区分所有法（建物の区分所有等に関する法律）

チェックテスト

(1) 高度利用地区とは、建物の高さの最高限度または最低限度を定める地区である。

(2) 市街化調整区域で農業者用の住宅建築のための開発行為は、面積に関わらず許可不要である。

(3) 第一種・第二種低層住居専用地域および田園住居地域は隣地斜線制限の適用はない。

(4) 防火地域内に3階建ての建物を建築する場合は、耐火建築物または耐火構造等とした場合と同等に周囲への延焼リスクを低減することができる建築物にしなければならない。

(5) 規約の設定は、区分所有者数および議決権の各4分の3以上の決議によるが、規約の廃止は過半数の決議による。

(6) 集会の招集は、開催日の少なくとも1週間前に発しなければならないが、この期間は伸縮することはできない。

(7) 管理組合を法人にするには、区分所有者数および議決権の過半数の決議による。

(8) 共用部分の変更（その形状または効用の著しい変更を伴わないものを除く）は、区分所有者および議決権の各4分の3以上の決議により、規約でこれと異なる定めをすることはできない。

(9) 建替え決議のための集会の招集は、開催日の少なくとも2カ月前に発しなければならないが、この期間は規約で伸縮することができる。

解答

(1) ×　　(2) ○　　(3) ○　　(4) ○　　(5) ×
(6) ×　　(7) ×　　(8) ×　　(9) ×

第4章

不動産の取得・保有に係る税金

過去の出題状況	2019.1	2019.5	2019.9	2020.1	2020.9	2021.1
不動産取得税	☆		☆		☆	
登録免許税	☆		☆			☆
固定資産税		☆		☆		

１．不動産取得税
不動産を取得した場合に課税される。

２．登録免許税
不動産の登記を行う際に課税される。

３．消費税
建物を購入する際や宅地建物取引業者に支払う仲介手数料等に課税される。

４．印紙税
不動産売買契約書等の一定の文書を作成する際に課税される。

５．固定資産税
不動産等の所有者に課税される。

６．都市計画税
原則として、市街化区域内の不動産の所有者に課税される。

1 不動産取得税

1 概要

不動産取得税は、不動産を取得した場合に、その不動産の所在地の都道府県が課す税金である。

不動産の取得とは売買、交換、贈与、建物の建築等、不動産の所有権を現実に取得することをいう。

なお、相続による取得や法人の合併による取得は課税の対象とならない。

また、取得の時期は、新築住宅であれば原則として最初に使用または譲渡の日等、現実に所有権を取得したときであり、登記の有無を問わない。

2 課税標準と税額

不動産取得税の課税標準は、不動産を取得したときの価格であり、原則として市町村の固定資産課税台帳に登録されている固定資産税評価額である。

なお、家屋の新築などで未だ固定資産課税台帳に価格が登録されていないものは、都道府県知事が決定する。また、家屋の改築などの場合は、それにより価値が増加した部分が課税対象となる。

> 税額 ＝ 固定資産税評価額 × 税率

本来の標準税率は４％であるが、2024年３月31日までの住宅または土地の取得については３％となる。

また、宅地については2024年３月31日まで、固定資産税評価額の２分の１が課税標準となる。

■不動産に関連する税金の全体像（参考）

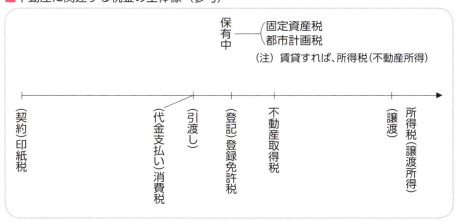

3 住宅に関する特例

（1）新築住宅の特例

　次の要件を満たす住宅を新築した場合には、その住宅1戸ごと（共同住宅等については1区画ごと）に固定資産課税台帳に登録されている価格（固定資産税評価額）から1,200万円を控除したものが課税標準となる。なお、貸家住宅も適用できる。

・床面積が1戸（マンション等の共同住宅にあっては独立区画1つごと）当たり50㎡（一戸建て以外の貸家住宅は40㎡）以上240㎡以下であること。

> 税額 ＝（固定資産税評価額 － 1,200万円）× 3％

　なお、一定の要件を満たした認定長期優良住宅の場合は、2022年3月31日まで固定資産税評価額から1,300万円を控除できる。

（2）既存住宅の特例

　既存住宅で以下の要件を満たすものを、自己の居住用の住宅として取得したときは、その建築時期に応じて、固定資産税評価額から100万～1,200万円が控除される。

新築された時期	控除額
1954年7月～1963年12月	100万円
1964年1月～1972年12月	150万円
1973年1月～1975年12月	230万円
1976年1月～1981年6月	350万円
1981年7月～1985年6月	420万円
1985年7月～1989年3月	450万円
1989年4月～1997年3月	1,000万円
1997年4月以降	1,200万円

①　1981年以前の新築については、新耐震基準に適合していること。
②　面積が1戸（マンション等の共同住宅にあっては独立区画1つごと）当たり50㎡以上240㎡以下のもの。

> 税額 ＝（固定資産税評価額 － 100万～1,200万円）× 3％

（3）住宅用地の税額軽減の特例

課税標準の特例を満たす住宅の敷地を取得した場合、不動産取得税が減額される。

① 土地を取得した日から3年（やむを得ない事情がある場合は4年）以内に敷地上に特例適用住宅を新築した場合

② 特例適用住宅を敷地より先に取得し、新築または取得後1年以内にその敷地を取得した場合等

次のいずれか大きいほうの金額を、その土地の不動産取得税額から減額できる。

(a) 4万5,000円

(b) 土地の1㎡当たり評価額 $\times \dfrac{1}{2} \times$ 住宅の延床面積の2倍（200㎡を限度とする）$\times 3\%$

$$\text{税額} = \text{固定資産税評価額} \times \dfrac{1}{2} \times 3\% - \text{軽減額}$$

（注）固定資産税評価額および「土地1㎡当たり評価額」に2分の1を乗じているのは、宅地の課税標準が2分の1になることによるもの。

■ 計算例　次の特例適用住宅を取得した場合の不動産取得税

土地：固定資産税評価額　2,500万円、面積　200㎡
建物：固定資産税評価額　2,000万円、面積　100㎡

【解　答】土地
土地の特例適用前の税額

$2,500\text{万円} \times \dfrac{1}{2} \times 3\% = 375{,}000\text{円}$

住宅用地の税額軽減

① 45,000円

② $2,500\text{万円} \div 200㎡ \times \dfrac{1}{2} \times (100㎡ \times 2) \times 3\% = 375{,}000\text{円}$　　　∴　①＜②

土地の特例適用前の375,000円から税額軽減の375,000円を控除できるため、結果として不動産取得税はかからない。

【解　答】建物
$(2{,}000\text{万円} - 1{,}200\text{万円}) \times 3\% = 24\text{万円}$

4 免税点

土地10万円未満、建築による家屋1戸につき23万円未満、建築以外の家屋1戸につき12万円未満の不動産を取得した場合は課税されない。

POINT!

土地を取得した場合は、土地の固定資産課税台帳に登録されている価格の2分の1が課税標準となる。

2 登録免許税

1 概要

不動産に関する登記を受ける場合には登録免許税が課税される。また、登記を受けるものが2人以上いるときは連帯して納付義務を負う。

次の場合は、課税されない。

① 国、地方公共団体等が登記をする場合等
② 表示の登記（ただし、分筆、合筆の表示変更登記は課税）

2 課税標準

所有権保存登記や所有権移転登記は不動産の価額を基礎とするが、実際の取引価格ではなく、固定資産課税台帳に登録されている価格によるものとされている。

なお、抵当権設定登記は債権金額が課税標準となる。

課税標準 × 税率 ＝ 登録免許税額

3 自己の居住用家屋の特例

個人が、2022年3月31日までに要件を満たす住宅用家屋の取得をした場合には、当該家屋に対する登録免許税の税率が、以下のように軽減される特例がある。

新築家屋の保存登記：0.15％（通常は0.40％）
取得家屋の移転登記：0.30％（通常は2.00％）

※ 認定長期優良住宅や認定低炭素住宅の保存登記や移転登記は、0.1％（認定長期優良住宅の戸建ての移転登記は、0.2％）となる。

適用要件は以下のとおりである。

① 自己の住宅の用に供する家屋で、床面積（マンションの場合は専有部分の床面積）が50㎡以上であること。
② 取得の日以前20年以内（耐火建築物は25年以内）に建築されたものであること、または新耐震基準に適合していること。
③ 新築または取得後1年以内に登記すること。
④ 登記申請書にその家屋所在地の市町村長の証明書類を添付すること。

■主な登録免許税の税率

登記の種類・原因			本則税率	居住用家屋の軽減税率（〜 2022年3月31日）
所有権保存			0.40%	0.15%
所有権移転	相続※2、合併等		0.40%	—
	共有持分の分割		0.40%	—
	売買	土地	2.00%※1	
		建物	2.00%	0.30%
	遺贈、贈与等		2.00%	—
仮登記（売買等）			1.00%	
抵当権の設定等			0.40%	0.10%
所有権の信託		土地	0.40%	
		建物	0.40%	

※1　2023年3月31日まで1.50％に軽減。

※2　数次にわたる相続を経ても登記が放置されている土地などは、登録免許税の減免がある。

（注）認定長期優良住宅は、新築家屋の保存登記は0.1％、取得家屋の移転登記は、戸建て0.2％、マンション0.1％となる（2022年3月31日まで）。

4 住宅取得資金の貸付け等にかかわる抵当権の設定登記

　個人が、2022年3月31日までに自己の居住用家屋の特例の要件を満たす住宅用家屋を新築（増築）し、または取得するための資金の貸付け（債務保証を含む）または賦払いの方法によりその対価の支払いが行われる場合において、その居住用家屋を目的とする抵当権が設定される場合には、登録免許税の税率が、0.1％（通常は0.4％）に軽減される特例がある。ただし、その新築または取得後1年以内に登記を受けるものに限る。

POINT!

土地の所有権移転登記と住宅取得のための抵当権設定登記の際の登録免許税は、軽減措置がある。

3 消費税

不動産取引等に関連して消費税がかかる場合とかからない場合がある。

1 土地等の譲渡および貸付け

土地の譲渡は原則として非課税である。

（1）課税対象となるもの
① 貸付け期間が1カ月未満であるもの
② 建物や駐車場（車両の管理を行う場合や地面の整備、区画・建物の整備などをしている駐車場）、野球場、プール、テニスコート等施設の利用に付随して土地を貸す場合

（2）非課税となるもの
青空駐車場（（1）の課税対象となる駐車場以外のもの）

2 建物の譲渡

建物の譲渡は、宅地建物取引業者が売主である場合等、事業として行われている場合は課税される。

3 仲介手数料

不動産売買や賃貸に係る仲介手数料は、課税対象となる。

4 土地造成費

課税対象となる。

POINT!
土地の譲渡は原則非課税、建物や仲介手数料は課税対象となる。
駐車場は、地面が整備されていたり、車両管理が行われるものは課税対象。

4 印紙税

1 概要

印紙税は、不動産売買契約書や請負契約書等、印紙税の課税対象となる文書を作成する際に、文書の作成者が契約書等に印紙を貼付し消印する方法（あらかじめ印紙税額を納付し税務署長から税印の押捺を受ける方法や印紙税納付計器による方法もある）により納付する国税である。

2 主な課税文書

① 不動産の譲渡に関する契約書（記載金額が1万円未満のものは非課税）売買契約書、交換契約書等
② 建物請負契約書
③ 受取書（記載金額が5万円未満のもの、営業に関しないものは非課税）
④ 金銭消費貸借契約書

印紙税は文書1通ごとに納付しなければならず、署名押印等の証明力がある場合は、正本、副本、写しのいずれも課税対象となる。

また、本契約書だけでなく、仮契約書、予約契約書、念書、覚書等も課税対象である。なお、国、地方公共団体等は印紙税が課されない。

3 過怠税

印紙税を納付しない場合には、過怠税がかかる。

① 貼付のないとき
　貼らなかった印紙の金額とその2倍に相当する金額との合計（合計で3倍）
② 消印のないとき
　消印のない印紙の額面額
③ 自ら印紙税の不納付を申し出たとき
　納付しなかった印紙税の額とその10％相当額（合計で1.1倍）

POINT!

印紙税は、課税文書に印紙を貼付し消印して納付する。

■ 主な印紙税額（参考）

不動産売買契約書等	請負契約書	軽減後の税額
10万円超　50万円以下	100万円超　200万円以下	200円
50万円超　100万円以下	200万円超　300万円以下	500円
100万円超　500万円以下	300万円超　500万円以下	1000円
500万円超　1000万円以下		5000円
1000万円超　5000万円以下		1万円
5000万円超　1億円以下		3万円
1億円超　5億円以下		6万円
5億円超　10億円以下		16万円
10億円超　50億円以下		32万円
50億円超		48万円

第4章

不動産の取得・保有に係る税金

4　印紙税　101

5 固定資産税

1 概要

固定資産税は所在する固定資産に対して課せられる市町村税である。課税対象となる固定資産は土地、家屋、償却資産であり、登記の有無を問わない。

固定資産	土　　地	宅地、田、畑他
	家　　屋	住宅、店舗、工場、倉庫他
	償却資産	土地および家屋以外の事業の用に供する資産

2 納税義務者

（1）固定資産の所有者

毎年1月1日現在、固定資産課税台帳または土地補充課税台帳、家屋補充課税台帳（登記されていない不動産の台帳）、償却資産課税台帳に登録されているもの。

（2）賦課期日における所有者

毎年1月1日を賦課期日とし、その日に所有者であったものがその年度の納税義務者となる。

3 課税標準

課税標準は1月1日現在における価格として固定資産課税台帳に登録されている価格である。この台帳価格は3年ごとに見直し（評価替え）が行われ、原則として3年間据え置かれる。

ただし、新たに固定資産税を課税されることになる不動産や、地目の変更、家屋の増改築等で据置きが不適当となった場合には市町村長が価格を決定する。

評価替えが行われる年度を基準年度という。

償却資産の課税標準額は原則として、取得価額から減価償却額を控除したものであり、課税標準額が150万円未満であれば課税されない。

4 免税点

固定資産の課税標準となるべき額が、以下の法定免税点に満たない場合は原則として課税されない。

土地　30万円	家屋　20万円	償却資産　150万円

免税点は非課税ではなく、一定金額以上になれば全額に課税される。

5 税率

標準税率は100分の1.4であるが、税率は各市町村が条例で定める。

6 住宅用地の課税標準の特例

住宅用地（貸家も可、住宅の延べ床面積の10倍が限度）については、次のような課税標準に対する特例がある。
① 小規模住宅用地（1戸当たり200㎡までの部分）
　その年度の固定資産課税台帳に登録されている価格の6分の1
② 一般の住宅用地（1戸当たり200㎡を超える部分）
　その年度の固定資産課税台帳に登録されている価格の3分の1

■住宅用地の課税標準の特例イメージ

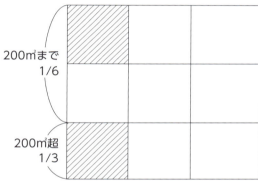

（参考）併用住宅の敷地は、敷地面積に以下の割合を乗じて住宅用地を求める。

家屋の種類	居住部分の割合	率
地上階数5以上の耐火建築物である家屋	1/4以上1/2未満	0.5
	1/2以上3/4未満	0.75
	3/4以上	1.0
上記以外	1/4以上1/2未満	0.5
	1/2以上	1.0

7 税額の軽減

（1）新築住宅の税額軽減特例

　住宅を2022年3月31日までに以下の要件を満たす住宅を新築した場合、一定年度間その家屋にかかる固定資産税のうち、120㎡までの部分が2分の1に減額される。

① 家屋（区分所有建物は専有部分）の床面積の2分の1以上が居住用。
② 面積は居住用部分の床面積50㎡以上280㎡以下（一戸建て以外の貸家住宅は40㎡以上280㎡以下）。
③ 中高層耐火建築住宅（地上3階以上）は5年間、その他は3年間減額される。
（注1）要件を満たした特定優良賃貸住宅については、築後5年間、中高層耐火建築住宅（地上3階以上）は7年間減額される。
（注2）別荘以外のセカンドハウスにも適用される。

（2）耐震改修した既存住宅に対する減額

　1982年1月1日以前から存していた家屋に2013年1月1日から2022年3月31日までの間に耐震改修工事（1戸当たり工事費50万円超）を行った場合、その住宅の120㎡まで翌年度の固定資産税が、2分の1[※]に減額される。

　なお、新耐震基準に適合した証明書を添付して、工事完了から3カ月以内に市町村に申告する必要がある。

※ 長期優良住宅の認定を受けた場合は、3分の2が減額される。

（3）バリアフリー改修工事した既存住宅に対する減額

　2007年1月1日以前から存在する住宅（改修後の床面積が50㎡以上で新築から10年以上経過していること）で（賃貸住宅を除く）65歳以上のもの、介護保険法の要介護・要支援の認定を受けているもの、障害者が居住する住宅で2022年3月31日までに廊下の拡幅や浴室・便所の改良等、一定のバリアフリー改修工事（1戸当たり工事費50万円超、国または地方公共団体の補助金等をもって充てる部分を除く）を行う場合、工事完了の翌年分に限り、100㎡までの部分の固定資産税の3分の1が減額される。

（4）省エネ改修した既存住宅に対する減額

　2008年1月1日以前から存在していた住宅（賃貸住宅を除く）で、2022年3月31日までに一定の省エネ改修工事（1戸当たり工事費50万円超、国または地方公共団体の補助金等をもって充てる部分を除く）を行う場合に、改修工事が完了した年の翌年度分に限り、120㎡までの床面積にかかる固定資産税の3分の1が減額される。

※ 長期優良住宅の認定を受けた場合は、3分の2が減額される。

POINT!

要件を満たした新築住宅は、一定年度間、120㎡までの部分の固定資産税が2分の1に減額される。

6 都市計画税

　都市計画税は、市町村が都市計画事業または土地区画整理事業の費用に充てるために課税する目的税である。

　原則として、市街化区域に所在する土地および家屋について、その所有者に対して課税される。また、特別の事情のある場合には、市街化調整区域内に所在するものについても課税される。

　税率は条例により定められ、制限税率は100分の0.3とされている。

　固定資産税と同様に住宅用地には課税標準の特例があり（貸家も可、住宅の延べ床面積の10倍を限度）、小規模住宅用地（1戸当たり200㎡までの部分）は、その年度の固定資産課税台帳に登録されている価格の3分の1、一般の住宅用地（1戸当たり200㎡を超える部分）は、その年度の固定資産課税台帳に登録されている価格の3分の2が課税標準になる。

■都市計画税・固定資産税の住宅用地の特例

	都市計画税	固定資産税
小規模住宅用地 200㎡まで	$\dfrac{1}{3}$	$\dfrac{1}{6}$
住宅用地	$\dfrac{2}{3}$	$\dfrac{1}{3}$

第4章 不動産の取得・保有に係る税金

POINT!

固定資産税、都市計画税ともに住宅用地の特例があり、要件を満たした小規模住宅用地は、それぞれ固定資産課税台帳登録価格の6分の1、3分の1が課税標準になる。

7 （参考）居住用超高層建築物に係る課税の見直し

　2018年度から居住用超高層建築物（2017年4月1日前に売買契約が締結された住戸を含むものを除く。）について、不動産取得税・固定資産税・都市計画税を算出する際の建物の評価が次のように変更された。

① 　高さが60mを超える建築物は、従来階数にかかわらず固定資産税は専有部分の床面積であん分されていたが、あん分する際に用いる専有部分の床面積を、高い階層は高額になるよう住戸の所在する階層の差違により補正率で補正する。

② 　階層別専有床面積補正率は、居住用超高層建築物の1階を100とし、階が一を増すごとに、10を39で除した数（約0.256）を加えた数値とする。また、天井の高さ、附帯設備の程度等について著しい差違がある場合には、その差違に応じた補正を行う。

③ 　居住用超高層建築物の区分所有者全員による申出があった場合には、当該申し出た割合により当該居住用超高層建築物に係る固定資産税額をあん分することも可能とされる。

チェックテスト

(1) 不動産取得税は、土地を取得した場合、固定資産税評価額の2分の1が課税標準となる。

(2) 一定の要件を満たす新築住宅を取得した場合、建物の固定資産税評価額から最大1,000万円を控除できる。

(3) 登録免許税で、抵当権設定登記の際の課税標準は固定資産税評価額である。

(4) 土地の売買契約の媒介を宅地建物取引業者に依頼した際の媒介手数料には消費税がかかる。

(5) 印紙税で、国や地方公共団体が作成する課税文書は非課税である。

(6) 印紙税で、売買契約書の写しであっても署名押印等の証明力がある場合には、印紙税を納付しなければならない。

(7) 固定資産課税台帳は、原則として3年に1度見直しされる。

(8) 固定資産税で200㎡までの小規模住宅用地は、固定資産課税台帳登録価格の6分の1が課税標準となる。

(9) 新築住宅は、一定年度間、床面積に関係なく固定資産税が2分の1になる。

(10) 都市計画税は、原則として市街化区域内の土地・家屋に課税される。

解答

(1) ○	(2) ×	(3) ×	(4) ○	(5) ○
(6) ○	(7) ○	(8) ○	(9) ×	(10) ○

第5章

不動産の譲渡に係る税金

過去の出題状況		2019.1	2019.5	2019.9	2020.1	2020.9	2021.1
土地建物の譲渡所得の計算		☆					
譲渡所得の計算の特例	固定資産の交換	☆		☆		☆	
	居住用財産の譲渡	☆	☆	☆	☆	☆	☆
	事業用資産の譲渡		☆			☆	
	既成市街地等内における中高層耐火建築物建設の特例				☆		
	等価交換方式に適用する特例						
	収用等による資産の譲渡		☆				
	空き家に係る譲渡所得の特別控除の特例				☆		
譲渡による損失の取扱い							

1．土地建物の譲渡所得の計算
　譲渡所得のうち、不動産を譲渡した場合の計算の概要。

2．譲渡所得の計算の特例
　不動産を譲渡した場合には、さまざまな特例がある。

3．譲渡による損失の取扱い
　不動産を譲渡して損失が生じた場合の他の所得との損益通算や繰越控除について。

4．法人の不動産譲渡と税金
　法人が不動産を譲渡した場合の圧縮記帳の制度について。

1 土地建物の譲渡所得の計算

　個人が不動産を譲渡し所得が発生した場合には、譲渡所得として以下の取扱いがなされ、申告分離課税の対象になる。
（注）所得税の税率は、復興特別所得税を含む。

1 譲渡の分類

　不動産を譲渡した場合の所有期間は、譲渡があった年の1月1日現在で計算する。なお、相続により取得した不動産を譲渡した場合は、被相続人の取得日を引継ぐ。

> 譲渡①は、満5年経過しているが、譲渡の年の1月1日時点では5年に満たず、短期譲渡所得になる。
> このケースでは、2024年1月1日以降に譲渡すれば分離長期譲渡となる。

（1）譲渡の年の1月1日において所有期間5年超——分離長期譲渡

（2）譲渡の年の1月1日において所有期間5年以下——分離短期譲渡

（3）土地建物等の範囲
　①　土地等（土地および土地の上に存する権利）
　　土地そのものや地上権、土地賃借権など土地を利用する権利をいい、借家権は含まれない。
　②　建物等（建物およびその附属設備、構築物）
　　建物は、居宅はもちろん、店舗、工場、倉庫なども含む。
　　附属設備とは、電気設備、給水設備などその建物に付随する設備をいう。
　　構築物は塀、庭園等をいう。

2 基本的な計算

　　譲渡収入金額 −（取得費 ＋ 譲渡費用）− 特別控除 ＝ 課税譲渡所得金額

①　取得費とは、売却した土地や建物を購入したときの購入代金、購入に際しての手数料、非業務用資産に係る登録免許税や不動産取得税等が該当する。なお、建物の場合は、減価償却費相当額を控除した金額が取得費になる。

取得費が不明な場合や取得費がわかっていても有利な場合は、譲渡収入金額の5％を取得費とすることもできる（概算取得費）。
　また、土地と建物を一括で譲渡した場合は、土地・建物それぞれについて実際の取得費にするか概算取得費にするかを選択できる。
　なお、相続により取得した土地等を相続税の申告期限の翌日から3年以内に譲渡した場合、次の計算により算出された金額を取得費に加算できる。

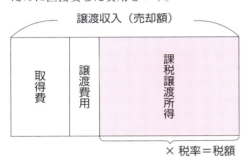

② 譲渡費用とは、仲介手数料、建物取壊し費用、譲渡のための立退料など、売却のために直接要した費用をいう。

◎課税譲渡所得に対し、長期譲渡所得と短期譲渡所得に分け課税される。
　長期譲渡所得：所得税15.315％、住民税5％
　短期譲渡所得：所得税30.63％、住民税9％

3 税額計算の特例

（1）優良住宅地の造成等のために土地等を譲渡した場合の長期譲渡所得の税額計算の特例

譲渡の年の1月1日において所有期間5年超の土地等を国や地方公共団体、独立行政法人都市再生機構へ譲渡する場合や収用交換等により譲渡する場合は、課税長期譲渡所得のうち2,000万円までの部分の税率が軽減される。

なお、居住用財産の3,000万円特別控除や収用等の5,000万円特別控除とは重複して適用できない。

■税額計算

> 課税長期譲渡所得金額が2,000万円以下の部分
>   所得税：課税長期譲渡所得金額 × 10.21%
>   住民税：課税長期譲渡所得金額 × 4%
> 課税長期譲渡所得金額が2,000万円超の部分
>   所得税：（課税長期譲渡所得金額 － 2,000万円）× 15.315%
>   住民税：（課税長期譲渡所得金額 － 2,000万円）× 5%

（2）短期譲渡所得の税額計算の特例

土地の譲渡が短期譲渡所得であっても、国や地方公共団体、独立行政法人都市再生機構への譲渡や、収用交換等により譲渡する場合は、税率が軽減される。

> 所得税：課税短期譲渡所得 × 15.315%
> 住民税：課税短期譲渡所得 × 5%

POINT!

譲渡の年の1月1日で所有期間を計算し、5年超は長期譲渡所得、5年以下は短期譲渡所得となる。

2 譲渡所得の計算の特例 ── 固定資産の交換の特例

個人が土地と土地、建物と建物等の交換をした場合、以下の要件を満たすことにより、譲渡した資産については譲渡がなかったものとして、課税が繰り延べられる。

1 適用要件

(1) 次の固定資産の同一区分内での交換であること（棚卸資産は対象外）
① 土地、借地権、耕作権
　土地と土地、土地（底地）と借地権の交換等
② 建物、建物付属設備、構築物
③ 機械および装置
④ 船舶
⑤ 鉱業権
（注）同一区分内の変更に限られ、土地と建物の交換は適用できない。

(2) 所有期間
譲渡資産および取得資産（交換のために取得したと認められるものを除く）をそれぞれの所有者が1年以上所有していたこと。

(3) 交換取得資産は、交換譲渡資産の譲渡直前の用途と同一の用途に使用すること
〈土地の同一用途の区分（主なもの）〉
① 宅地
② 田畑
・宅地を取得した場合は宅地として、田畑を取得した場合は田畑として使用する必要がある。
〈建物の同一用途の区分（主なもの）〉
① 居住用
② 店舗または事務所用
③ 工場用
・店舗を事務所として使用した場合は、同一用途である。

（4）交換時の譲渡資産の時価と取得資産の時価との差額が、**高いほうの時価の20％**以内であること（**2**の ケース１・２ 参照）

2 譲渡所得の金額の計算

（1）交換差金がない場合や交換差金を支払う場合
　　譲渡がなかったものとして課税が繰り延べられる。

（2）交換差金を受け取った場合
　　交換差金が収入金額として課税される。

　ケース１

・交換差金の200万円が、高いほうの土地の時価1,200万円の20％（240万円）以内であり、特例が適用できる。

　ケース２　借地権の一部と底地の一部の交換（借地権割合を60％とする）

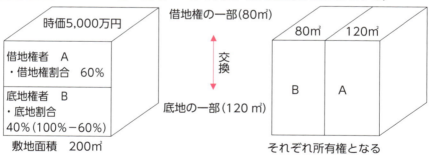

A　5,000万円 × $\frac{80㎡}{200㎡}$ × 60％ ＝ 1,200万円 ⇒ Bに借地権の一部（80㎡）を譲渡

B　5,000万円 × $\frac{120㎡}{200㎡}$ × 40％ ＝ 1,200万円 ⇒ Aに底地の一部（120㎡）を譲渡

・借地権と底地の交換は、同一区分内の交換である。
・Aの譲渡した借地権とBの譲渡した底地は、いずれも1,200万円（差額が高いほうの20％以内）であり、特例が適用できる。

3 留意点

① 土地付建物と土地付建物を交換した場合は、土地と土地、建物と建物を交換したものして特例の適用ができる。ただし、土地建物の総額で等しい時価である場合でも、土地と土地、建物と建物で判断するため、それぞれの時価が等価でない場合には差額は交換差金となる。

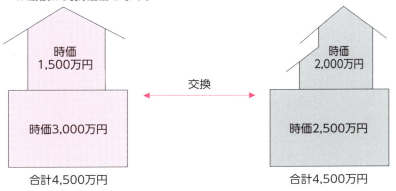

・土地と土地、建物と建物それぞれで判断する。
・土地は、3,000万円と2,500万円の交換になり、500万円の交換差金となるが、3,000万円の20%（600万円）以下なので適用できる。
・建物は、1,500万円と2,000万円の交換になり、500万円の交換差金となるが、2,000万円の20%（400万円）を超えるため、建物については、適用できない。

② **交換により取得した2以上の資産**の一方を交換により譲渡した資産と同一の用途に使用しなかった場合、その資産の価額が交換差金とみなされる。

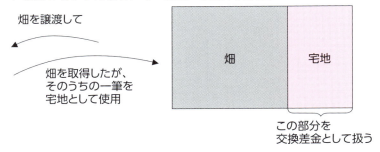

③ 1つの資産の一部を売買とした場合、売買した部分については交換差金とみなす。

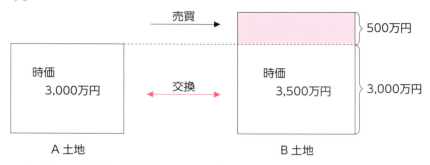

・B土地の一部（　　　部分）を売買、残りを交換した場合、売買した部分は、交換差金となる。

④ 当事者の一方が、取得した交換資産を同一の用途に供さない等、当事者の一方が要件を満たしていない場合でも、他方が要件を満たしていれば特例を適用できる。
⑤ 交換する固定資産の時価が一般的にみて差額がある場合でも、交換の当事者が特別の関係になく、当事者の事情等から合理的であると認められれば、等価であるとして特例が適用できる。

4 譲渡所得の計算

A土地とB土地の交換で乙氏は甲氏に交換差金として500万円を支払う。
また、固定資産の交換の特例を適用するための要件は、満たしているものとする。

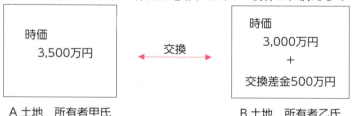

■計算例

A土地の取得費が700万円、譲渡費用が140万円とすると、甲氏の譲渡所得は以下の計算となる。

受領した交換差金500万円－（取得費700万円＋譲渡費用140万円）×$\frac{500万円}{3,500万円}$※
＝380万円

※ 取得費と譲渡費用のうち、課税の対象となる500万円に対応する分だけを控除する。

なお、交換差金を支払った乙氏は、固定資産の交換の特例を適用することで課税は繰延べとなる。

POINT!

交換差金がある場合、高いほうの不動産の金額の20％以内であれば、特例が適用できる。

3 譲渡所得の計算の特例 ── 3,000万円の特別控除

個人が居住用財産を譲渡した場合には、譲渡益から3,000万円を控除できる。

1 適用要件

① 現に自己の居住の用（生活の拠点）に供している家屋を譲渡すること。
② 上記の家屋と同時に譲渡する土地または借地権も適用できる。
③ 家屋に自己が居住しなくなった日から３年を経過する日の属する年の12月31日までに譲渡すること。
④ 家屋が災害等により滅失した場合は、滅失した家屋の敷地であった土地または借地権のみの譲渡でも適用できる。
⑤ 家屋を先に取り壊して土地または借地権を譲渡する場合にも適用できる。
　　その場合、取壊しから１年以内に譲渡に関する契約を締結し、かつ、家屋に居住しなくなった日から３年経過した日の属する年の12月31日までの譲渡であること。ただし、取壊し後に土地を貸し付けた場合には適用できない。
（注１）併用住宅も適用できるが、対象となるのは居住用部分だけである。
（注２）２以上の居住用財産を所有している場合には、主として居住の用に供している家屋のみ適用できる。
（注３）転勤や長期療養等で従来の居住用家屋を離れて、別のところに居住している場合でも、配偶者や扶養親族が居住を継続しており、転勤などの事情がやんだ後は再びその家屋に住むと認められる場合には居住用家屋として適用できる。

2 適用対象とならない譲渡先

① 配偶者および直系血族（直系血族への譲渡は生計を一にしていない場合でも適用できない）への譲渡
② 生計を一にする親族および家屋の譲渡後その譲渡したものとその家屋に居住するものへの譲渡
③ 内縁関係にあるもの
④ 同族会社など

3 居住用家屋の所有者と土地の所有者が異なる場合

　家屋と土地の所有者が異なる場合に以下の要件を満たす場合は、まず、家屋の所有者の譲渡益から3,000万円の特別控除を適用し、控除しきれない分は、土地所有者も残額について譲渡益から控除できる。
① 家屋と土地を同時に譲渡すること
② 家屋の所有者と土地の所有者が親族であること
③ 家屋の所有者と土地の所有者が生計を一にしており、同居していること

4 家屋・土地ともに共有である場合

　家屋・土地ともに共有の場合は、それぞれ3,000万円の特別控除が適用される。
（注1）3,000万円の特別控除は、所有期間にかかわらず適用できる。
（注2）その年の前年または前々年にすでに3,000万円の特別控除や特定の居住用財産の買換え・交換の特例の適用を受けている場合には適用できない。

5 低未利用土地を譲渡した場合の長期譲渡所得の特別控除

　所有者不明土地の発生を予防、低未利用地の適切な利用・管理の促進に向けて、譲渡価額が500万円以下の一定の低未利用地などを譲渡した場合に、長期譲渡所得の金額から100万円を控除する特例措置が創設された。

POINT!

3,000万円の特別控除の適用要件の主なもの。
① 配偶者や直系血族、生計を一にする親族への譲渡には適用できない。
② 居住しなくなってから3年経過した日の属する12月31日までに譲渡する必要がある。
③ 家屋を先に取り壊した場合は、取壊しから1年以内に契約を締結する必要があり、その間、貸付けはできない。

3　譲渡所得の計算の特例 —— 3,000万円の特別控除　119

4 譲渡所得の計算の特例 —— 軽減税率の特例

譲渡の年の1月1日現在で所有期間10年を超える居住用財産を譲渡した場合には、3,000万円の特別控除を適用した後の課税長期譲渡所得に対して軽減税率の特例（居住用財産を譲渡した場合の長期譲渡所得の課税の特例）が適用される。

1 適用要件

3,000万円の特別控除と同様である。ただし、収用等に伴い代替資産を取得した場合の特例や特定の居住用財産の買換え・交換の特例とは重複して適用できない。

2 税額計算

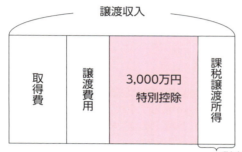

※　税率
　　課税長期譲渡所得6,000万円以下の部分の金額
　　→所得税10.21％、住民税4％
　　課税長期譲渡所得6,000万円超の部分の金額
　　→所得税15.315％、住民税5％

■設例　税額計算

> 1980年から居住している住宅を本年中に1億2,000万円で譲渡した。
> 譲渡に係る居住用財産の所得税・住民税はいくらか。
> なお、3,000万円の特別控除および軽減税率の特例の要件は満たしている。

〔資　料〕
取得費　　：不明
譲渡費用：400万円

【解　答】

概算取得費

1億2,000万円 −（1億2,000万円 × 5％ + 400万円）− 3,000万円 ＝ 8,000万円

8,000万円を6,000万円以下と、残り2,000万円に分ける。
　6,000万円 × 10.21％（所得税）＝ 612.6万円
　6,000万円 × 4％（住民税）＝ 240万円
　2,000万円 × 15.315％（所得税）＝ 306.3万円
　2,000万円 × 5％（住民税）＝ 100万円
したがって、所得税：612.6万円 + 306.3万円 ＝ 918.9万円
　　　　　　住民税：240万円 + 100万円 ＝ 340万円

第5章
不動産の譲渡に係る税金

POINT!

譲渡の年の1月1日現在で所有期間10年超の居住用財産を譲渡した場合、3,000万円の特別控除適用後の課税長期譲渡所得に対し、税率が軽減される。

4　譲渡所得の計算の特例 —— 軽減税率の特例

5 譲渡所得の計算の特例 ―― 特定の居住用財産の買換えの特例

　個人が、居住用財産を買い換えた場合、譲渡した居住用財産について、買い換えた部分に相当する収入がなかったものとして、課税が繰延べされる。

（1）譲渡収入以上の居住用財産に買い換える場合

◎譲渡収入5,000万円より高い7,000万円に買い換えているため、5,000万円の収入全体がなかったものとして、課税が繰り延べられる。

（2）譲渡収入未満の居住用財産に買い換える場合

◎買換え価額が譲渡価額より低ければ、譲渡価額と買換え価額の差額（手元に残る金額（5,000万円－3,000万円＝2,000万円））に課税され、買い換えた3,000万円分の収入については課税が繰り延べられる。

（注）交換により資産を譲渡し、取得した場合にも同様の特例があり、交換のために譲渡した資産の譲渡価額も上記と同様に繰り延べられる。

1 適用要件

（1）譲渡資産

① 譲渡の年の1月1日現在で所有期間10年超の居住用家屋または土地等の譲渡であること。

② 居住期間が10年以上であること。

　なお、譲渡時に居住していない場合には、居住の用に供しなくなった日から3年を経過する日の属する12月31日までであること。

③ 居住用家屋が災害により滅失した場合で、仮に滅失した家屋を引き続き所有していたとしたときに、譲渡の年の1月1日現在で10年超の所有期間となる土地の譲渡であること。なお、滅失した日から3年経過した日の属する12月31日までに土地を譲渡すること。

④ 譲渡対価が1億円以下であること。

（2）買換資産

① 建物の床面積50㎡以上、土地の面積500㎡以下であること。

② 築後25年以内であること。または新耐震基準に適合していること。

③ 買換資産には取得した翌年の12月31日までに居住の用に供するか、またはその見込みであることが要件である。

　なお、譲渡の年の翌年に買換資産を取得し、取得の翌年に居住の用に供する見込みである場合には、納税地の税務署長に「買換え承認申請書」を提出し、承認を受けることにより適用できる。

④ 贈与、交換、出資、代物弁済による取得には適用できない。

⑤ 併用住宅を取得した場合は、居住の用に供する部分の取得のみが対象となる。

2 適用対象とならない譲渡先

　3,000万円の特別控除と同様に、配偶者や直系血族、生計を一にする親族等への譲渡は適用できない。

第5章 不動産の譲渡に係る税金

5 譲渡所得の計算の特例 —— 特定の居住用財産の買換えの特例　123

3 譲渡益の計算

譲渡資産の価額が、買換資産以下の場合には課税されない。
譲渡資産の価額が、買換資産を超える場合には、超えた価額を収入とみなして次のように課税される。

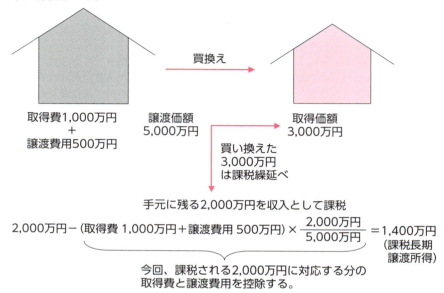

◎所得税および住民税の税率は、常に15.315％、5％である。

4 取得価額および取得時期

取得価額は、以下の計算になる。

（1）譲渡価額＞買換資産の取得価額

$$（譲渡資産の取得費 ＋ 譲渡費用）× \frac{買換資産の取得価額}{譲渡資産の譲渡価額}$$

「**3** 譲渡益の計算」の数字を当てはめると以下になる。

$$（1,000万円＋500万円）× \frac{3,000万円}{5,000万円} ＝900万円$$

譲渡益の計算で、使っていない取得費と譲渡費用が取得価額になる。

（2）譲渡価額＝買換資産の取得価額

$$譲渡資産の取得費 ＋ 譲渡費用$$

譲渡資産の取得費と譲渡費用が引き継がれる。

（3）譲渡価額＜買換資産の取得価額

$$（譲渡資産の取得費 ＋ 譲渡費用）＋ \underbrace{\left（ 買換資産の取得価額 － 譲渡資産の譲渡価額 \right）}_{①}$$

譲渡資産の取得費と譲渡費用に、買換え時に追加した取得資金①を加えたものこなる。

（注1）買換資産の取得費は譲渡資産の取得費を引き継ぐが、取得時期は実際の取得時期による。

（注2）居住用財産の3,000万円特別控除や軽減税率、住宅借入金等特別控除等の他の特列とは重複して適用できない。

POINT!

特定の居住用財産の買換えの特例と3,000万円の特別控除や軽減税率とは、重複して適用できない。

5 譲渡所得の計算の特例 ── 特定の居住用財産の買換えの特例　125

6 譲渡所得の計算の特例 —— 特定の事業用資産の譲渡の特例

　居住用財産を買い換えた場合と同様に、事業用資産を買い換えた場合にも買換えの特例があり、買い換えた部分の80％※に相当する部分の収入をなかったものとみなす。
※　地方（東京23区および首都圏近郊整備地帯等を除く地域）から東京23区への買換えは70％、地方から東京23区を除く、首都圏既成市街地、首都圏近郊整備地帯、近畿圏既成都市区域、名古屋市の一部への買換えは75％。それ以外の、例えば東京23区内での買換えは80％。

1 適用要件

① 　買換資産は、譲渡資産を譲渡した年か、その前年中、あるいは譲渡した年の翌年中に取得すること。
② 　事業用資産を取得した日から1年以内に事業の用に供すること。
　なお、事業の用に供した場合でも、1年以内に事業の用に供しなくなった場合には、適用できない。
③ 　買換資産が土地の場合、譲渡した土地の面積の5倍以内の部分について適用される。
④ 　譲渡資産および買換資産が以下のような一定の組合わせに該当すること。

■主な組合わせ

譲渡資産	買換資産
37条1項1号 既成市街地等内にある事業所用建物またはその敷地で、譲渡年の1月1日における所有期間が10年超のもの	既成市街地等以外（国内に限る）にある土地等、建物、構築物または機械および装置
37条1項6号 国内にある土地等、建物または構築物で、譲渡年の1月1日における所有期間が10年超のもの	国内にある土地等、建物、構築物または機械および装置 なお、土地については面積が300㎡以上で、事務所等の特定施設の敷地の用に供されているか、一定の要件をみたす駐車場であること

2 譲渡所得の計算

(1) 譲渡収入以上の事業用資産に買い換える場合

5,000万円の収入のうち、80%※は繰り延べられる。
20%の1,000万円が収入として課税される。

※ 地方（東京23区および首都圏近郊整備地帯等を除く地域）から東京23区への買換えは70%、地方から東京23区を除く、首都圏既成市街地、首都圏近郊整備地帯、近畿圏既成都市区域、名古屋市の一部への買換えは75%。それ以外の、例えば東京23区内での買換えは80%。

■計算例
譲渡費用を500万円とすると以下の計算になる。

$$1,000万円 - (1,000万円 + 500万円) \times \frac{1,000万円}{5,000万円} = 700万円（課税譲渡所得）$$

つまり、課税される1,000万円に対応する取得費と譲渡費用を控除する。

(2) 譲渡収入未満の事業用資産に買い換える場合

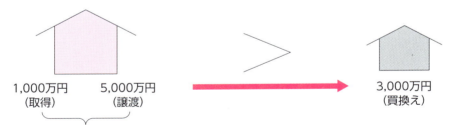

買い換えた3,000万円のうち、80%は繰り延べられる。したがって、手元に残った2,000万円と3,000万円の20%の600万円、合計2,600万円が収入となり課税される。

■計算例

譲渡費用を500万円とすると以下の計算になる。

$$2,600万円 - (1,000万円 + 500万円) \times \frac{2,600万円}{5,000万円} = 1,820万円 （課税譲渡所得）$$

つまり、課税される2,600万円に対応する取得費と譲渡費用を控除する。

なお、特定の事業用資産の買換え特例と他の特別控除や買換え特例とは重複して適用できない。

また、買換資産の譲渡所得の計算では、譲渡資産の取得費の一部を引き継いで計算するが、取得日は引き継がず、買換資産の実際の取得日となる。

POINT!

事業資産の買換え特例では、譲渡価額の80％が繰延べされる。

7 譲渡所得の計算の特例 —— 既成市街地等内における中高層耐火建築物建設の特例

土地等を譲渡し、その土地上に建設された中高層建築物を取得した場合には、買換えの特例を受けることができる。

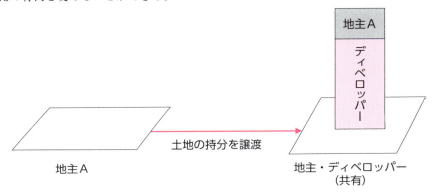

◎土地の一部持分と建物の一部の交換。

1 適用要件

既成市街地等内にある土地等・建物・構築物などを譲渡し、以下の建築物の用に供された建物の全部、または一部を取得すること。

① 1号（特定民間再開発の特例）——三大都市圏の既成市街地等内、または政令で定める地域内において、地上4階以上の中高層耐火建築物の建築の用に供すること

② 2号（**立体買換えの特例**）——既成市街地等内（三大都市圏に限らない）およびそれに準じる区域内において、地上3階以上の中高層耐火共同住宅の建築をする事業の用に供すること等に加え、以下の要件を満たすこと。

・延べ面積の2分の1以上が居住用であること
・買換資産は、譲渡資産を譲渡したものの事業もしくは居住の用に供すること
・原則として、資産を譲渡した年中または翌年中までに買換資産を取得し、かつ、取得の日から1年以内に事業もしくは居住の用に供すること
・買換資産となる建築物の建築主は、**土地等の譲渡資産を譲渡したもの**または**取得したもの**であること

2 譲渡所得の計算

① 譲渡資産の譲渡価額が取得した資産の取得価額以下である場合は、譲渡資産の譲渡がなかったものとみなされ、譲渡益が繰り延べられる。

② 譲渡資産の譲渡価額が取得した資産の取得価額を超える場合は、以下の算式により譲渡益が計算される。

(a) 収入金額 ＝ 譲渡資産の譲渡価額 － 買換資産の取得価額

(b) 取得費 ＋ 譲渡費用 ＝（譲渡資産の取得費 ＋ 譲渡費用）× $\dfrac{収入金額}{譲渡資産の譲渡価額}$

(c) 譲渡益 ＝ (a) － (b)

■計算例

時価 1 億円の土地の5,000万円分を譲渡し、建物3,000万円分を取得した場合。取得費は1,000万円、譲渡費用は500万円とする。

(a) 5,000万円－3,000万円＝2,000万円

(b) （1,000万円＋500万円）× $\dfrac{2,000万円}{5,000万円}$ ＝600万円

(c) 2,000万円－600万円＝1,400万円（課税譲渡所得）

POINT!

立体買換えの特例は、譲渡資産の用途・所有期間等の制限はない。

8 譲渡所得の計算の特例 —— 等価交換方式に適用する特例

　等価交換方式とは、土地所有者が提供した土地上にディベロッパーが建設資金を負担して区分所有建物を建設し、完成後の区分所有建物を地主とディベロッパーが分け合う一種の共同事業で、土地は地主とディベロッパーの共有となる。

　地主は、土地をディベロッパーに譲渡することになるが、区分所有建物に買い換えているため、買換えの特例が適用でき、土地の譲渡益の課税を繰り延べることができる。

(1) 部分交換（譲渡）方式

　土地所有者が、土地の一部をディベロッパーに譲渡し、その等価の建物の一部（区分所有権）を取得する方式である。

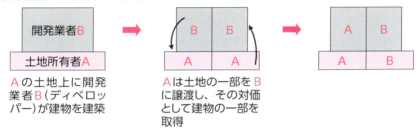

(2) 全部交換（譲渡）方式

　土地所有者が、土地の全部をいったんディベロッパーに譲渡し、建物完成後あらためて全部の土地代相当の区分所有建物および、その敷地（共有持分）を取得する方式である。

POINT!
地主が譲渡した土地の譲渡益は、買換えの特例により繰延べられる。

9 譲渡所得の計算の特例 —— 収用等による資産の譲渡の特例

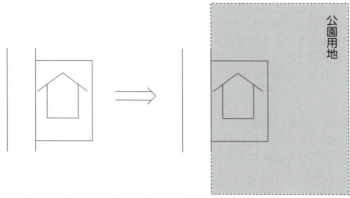

　道路や学校、公園の設置等、公共の利益となる事業のために、事業の施行者が、所有者から土地建物等を取得するための手続きを定めているのが土地収用法である。
　収用により不動産を譲渡したものは、補償金を受け取るが、この補償金による収入に対し、次の課税の特例がある。
① 5,000万円の特別控除
② 代替資産を取得した場合の特例（課税繰延べの特例）
　補償金には、収用された資産の対価として支払われる対価補償金や損失の補てんのための収益補償金、経費補償金、移転補償金等があるが、課税の特例の対象になるのは対価補償金である。
　なお、対価補償金以外の補償金でも、一定の場合、対価補償金として課税の特例が適用できる。

1 5,000万円の特別控除

　以下の要件を満たす資産を収用で譲渡した場合、譲渡益から5,000万円を控除できる。
① 収用交換（収用により資産を譲渡し、交換で別の資産を取得する場合もある）等された資産は、棚卸資産およびそれに準ずる資産ではないこと。
② 収用交換された資産の全部について、課税の繰延べの特例の適用を受けていないこと。

③ 買取りの申し出があった日から6カ月以内に譲渡すること。
④ 同一の収用等の事業で、譲渡が2年以上の年に分けて行われた場合は、最初の年の譲渡に限る。
⑤ 最初に事業の施行者から買取りの申し出を受けたものが譲渡したものであること。
⑥ 確定申告義務のあるものはその旨を確定申告書に記載すること。また、収用証明書等を確定申告書に添付すること。

2 代替資産を取得した場合の特例

収用による補償金で譲渡した資産と同種の資産を取得した場合、補償金の収入のうち、取得した代替資産の取得に要した金額については、その金額の譲渡がなかったものとして、課税が繰り延べられる（100％繰延べ）。
① 対価補償金以上の同種の資産に買い換える場合

② 対価補償金未満の同種の資産に買い換える場合

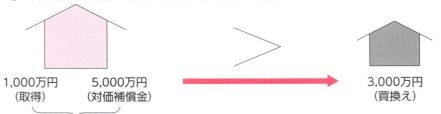

買い換えた3,000万円は繰延べでき、収入は2,000万円になる。譲渡費用を0円とすると1,000万円の取得費のうち、手元に残った2,000万円に対応する部分が取得費となる。

このケースでは、

$$2,000万円 - (1,000万円 + 0円) \times \frac{2,000万円}{5,000万円} = 1,600万円（課税所得金額）$$

（1）代替資産の範囲
① 個別法──以下の区分による譲渡した資産と同種の資産の取得
・土地または土地の上に存する権利（借地権等）
・建物（附属設備を含む）または建物に附属する特定の構築物（門、塀等）
・建物等以外の構築物等
② 一組法──以下の区分による譲渡した資産と同じ効用をもった一組の資産
・居住の用
・店舗、事務所の用
・工場、発電所、変電所の用
・倉庫の用
・劇場、運動場、遊技場の用、その他

例えば、居住用の土地建物を収用により譲渡し、居住用の建物を代替資産として取得する場合は、①の個別法の組合わせには該当しないが、一組法により適用できる。
③ 事業継続法──事業用固定資産
・事業用資産を譲渡し、事業用資産を代替資産として取得する。

（2）代替資産の取得時期
原則として、収用のあった年中または収用等の日から2年を経過する日までに取得すること。あるいは事業認定等があった日以後であれば前年中の取得も可。

POINT!
5,000万円の特別控除と代替資産を取得した場合の特例は、いずれか選択適用となる。

10 空き家に係る譲渡所得の特別控除の特例

　相続により旧耐震基準しか満たしていない空き家を取得したものが、耐震改修を施し、もしくは除却して土地のみを譲渡する場合、一定の要件を満たせば譲渡益から3,000万円を控除できる。

1 適用要件

① 2016年4月1日から2023年12月31日までの間に譲渡すること（相続の開始があった日以後3年を経過する日の属する年の12月31日までの間に譲渡したものに限る）。
② 相続の開始の直前において被相続人の居住の用に供されていた家屋（1981年5月31日以前に建築された家屋で、区分所有建築物を除く）であって、当該相続の開始の直前において当該被相続人以外に居住をしていたものがいなかったもの及びその土地を取得したこと。なお、被相続人が要介護認定等を受け、相続開始の直前まで老人ホーム等に入居していた場合も対象となる。
③ 譲渡の時において地震に対する安全性に係る規定またはこれに準ずる基準に適合する家屋、もしくは家屋を除却した土地であること。
④ 譲渡の対価が1億円以下であること。
⑤ 当該相続の時から当該譲渡の時まで事業の用、貸付けの用または居住の用に供されていたことがないこと。

POINT!
空き家を放置せず、耐震改修等をして譲渡した場合の特例。

11 譲渡所得の計算の特例 ── 同一年中に特別控除の適用が2つ以上ある場合の特例

　同一年中に2つ以上の特別控除の適用対象となる場合には、以下の順番で最高5,000万円が控除の対象となる。
① 　収用等の場合の5,000万円特別控除
② 　居住用財産を譲渡した場合の3,000万円特別控除
③ 　特定土地区画整理事業等のために土地等を譲渡した場合の2,000万円特別控除
④ 　特定住宅地造成事業等のために土地等を譲渡した場合の1,500万円特別控除
⑤ 　農地保有の合理化等のために農地等を譲渡した場合の800万円特別控除
　なお、特別控除を受ける際、譲渡益が特別控除の金額に満たない場合は、譲渡益が限度となる。つまり、マイナスにして他の譲渡所得と内部通算することはできない。

POINT!

同年中に収用等の場合の5,000万円特別控除と居住用財産を譲渡した場合の3,000万円特別控除が適用できる場合、まず収用等の場合の5,000万円特別控除を適用し、残りがあれば居住用財産を譲渡した場合の3,000万円特別控除を適用する。

12 譲渡による損失の取扱い ── 譲渡による損失と損益通算の可否

　土地建物等の譲渡により損失が生じた場合、一定の要件を満たす居住用不動産の譲渡（居住用財産の買換え等の場合の譲渡損失の損益通算および繰越控除・特定居住用財産の譲渡損失の損益通算および繰越控除）を除き、他の所得と損益通算することはできない。
　ただし、土地建物等の譲渡所得相互間では内部通算できる。

◎いずれも同年中の譲渡であれば、内部通算し、800万円が譲渡所得となる。

13 譲渡所得の計算の特例 —— 居住用財産の買換え等の場合の譲渡損失の損益通算および繰越控除

　不動産を譲渡した場合に発生した譲渡損失は、他の所得と損益通算できないのが原則であるが、居住用財産を譲渡した際に発生した譲渡損失については、他の所得と損益通算でき、またその年中に損益通算しきれない金額については翌年以降3年にわたり繰越控除できる。

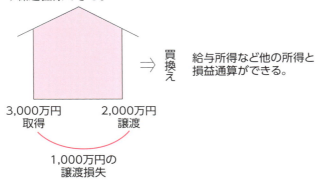

1 適用要件

　居住用財産を2021年12月31日までに譲渡し、かつ、新たに居住用財産を取得し、翌年12月31日までに居住を開始すること、またはその見込みであること。

（1）譲渡資産
① 1月1日現在で5年超の所有期間であること。
② 譲渡資産に面積500㎡超の敷地等が含まれているときは、譲渡損失金額のうち面積500㎡を超える部分の損失に相当する金額は除かれる。
③ 以前に住んでいた居住用財産の場合には、住まなくなった日から3年目の12月31日までに譲渡すること。
④ 譲渡先が配偶者、直系血族、生計を一にする親族等でないこと。

（2）買換資産
① 譲渡の年の前年1月1日からその譲渡の年の翌年12月31日までにその個人の居住の用に供する財産を取得すること。
② 取得の日の翌年12月31日までに居住の用に供したときまたは居住する見込みであること。

（3）繰越控除を受ける年の年末において、買換資産に係る住宅借入金（償還期間10年以上）の残高を有していること

（4）家屋の床面積50㎡以上

（5）繰越控除を受ける年の合計所得金額が、3,000万円以下であること

（注）本特例と住宅借入金等特別控除は重複して適用できる。したがって、繰越控除が終了した後の所得税額から、住宅借入金等特別控除が適用できる。

POINT!
本特例と住宅借入金等特別控除は重複して適用できる。

13　譲渡所得の計算の特例 ── 居住用財産の買換え等の場合の譲渡損失の損益通算および繰越控除

14 譲渡所得の計算の特例 ── 特定居住用財産の譲渡損失の損益通算および繰越控除

「居住用財産の買換え等の場合の譲渡損失の損益通算および繰越控除」は、居住用財産を買い換えることが要件の一つであるが、本特例は買換えは必要としない代わりに、譲渡した居住用財産の譲渡契約日の前日に住宅ローンの残高があることが要件である。

1 適用要件

（1）譲渡資産
① 1月1日現在で5年超の所有期間であること。
　以前に住んでいた居住用財産の場合には、住まなくなった日から3年目の12月31日までに譲渡すること。
② 譲渡先が配偶者、直系血族、生計を一にする親族等でないこと。

（2）譲渡した居住用財産の売買契約日の前日において、償還期間10年以上の住宅ローンの残高があること

（3）居住用財産の譲渡価額が住宅ローンの残高を下回っていること。つまり、譲渡価額では住宅ローンの全部を返済しきれない場合に、返済しきれない住宅ローンの残債を上限に適用できる

（4）繰越控除を受ける年の合計所得金額が、3,000万円以下であること

〈取得費3,000万円の住宅を1,000万円で譲渡し、住宅ローンが1,800万円残っているケース〉

3,000万円　　1,000万円
取得　　　　　譲渡（住宅ローンの残高　1,800万円）

2,000万円の譲渡損失

1,000万円で売却し、ローンを返済しても800万円のローンが残る。

◎2,000万円の譲渡損失＞800万円のローン残債
　800万円を他の所得と損益通算でき、また引き切れない譲渡損失は、繰越控除できる。

POINT!

本特例は、居住用財産を譲渡した価額が住宅ローンの残高を下回る場合に適用できる。

15 (参考) 法人の不動産譲渡と税金 —— 圧縮記帳

個人が不動産を買い換えた場合には買換えの特例があり、譲渡益に対する課税が繰り延べられるが、法人が不動産を買い換えた場合等も同様に課税の繰延べができる。これを圧縮記帳という。

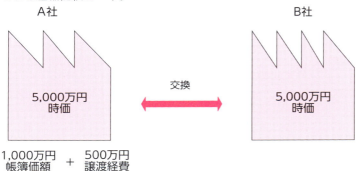

◎帳簿価額1,000万円、譲渡経費500万円に対し、時価5,000万円での譲渡なので、3,500万円の譲渡益となるが、同種の資産と交換することで、3,500万円の譲渡益を圧縮記帳でき、課税が繰延べできる。

不動産の譲渡に関連する圧縮記帳の主なものとして以下がある。
① 交換により取得した固定資産の圧縮記帳
② 収用等により取得した固定資産の圧縮記帳
③ 特定資産の買換えにより取得した固定資産の圧縮記帳
④ 土地等を先行取得した場合の圧縮記帳

POINT!
個人の買換えの特例と同様に、法人には圧縮記帳がある。

16 （参考）法人の不動産譲渡と税金
―― 交換により取得した固定資産の圧縮記帳

　法人が固定資産を譲渡した場合、譲渡資産の譲渡価額と帳簿価額の差額は譲渡益として課税の対象となる。しかし、一定の要件を満たす固定資産の交換の場合には、譲渡益を圧縮することで課税の繰延べができる。

　なお、交換により取得した資産の取得価額は、圧縮した後の金額になるため、実際の時価よりも低い価額になる。そのため、新しく取得した資産の減価償却費もその分低い金額になるため、毎年の課税所得はその分増加する。

　つまり、譲渡益で課税されるべき分が、毎年の所得に反映されて増加するということであり、結果として課税の繰延べになる。

1 適用要件

① それぞれが1年以上所有していた固定資産であること（棚卸資産は除く）。

② 同種の資産の交換であること（土地と土地、建物と建物等）。

③ 交換により取得する資産は、相手が交換のために取得したものでないこと。

④ 交換差金の額が、譲渡資産の時価と買換え資産の時価のうち、高いほうの時価の20％以内であること。なお、交換差金を受領した場合は、交換差金について課税される。

2 圧縮限度額の計算

(1) 交換差金がない場合

> 圧縮限度額 ＝ 交換取得資産の時価 －（交換譲渡資産の帳簿価額 ＋ 譲渡経費）

　例えば、交換取得資産１億円で、帳簿価額2,000万円＋譲渡経費1,000万円の場合、圧縮限度額は7,000万円になる。

(2) 交換差金を受け取った場合

$$\text{交換取得資産の時価} - (\text{交換譲渡資産の帳簿価額} + \text{譲渡経費}) \times \frac{\text{交換取得資産の時価}}{\text{交換取得資産の時価} + \text{交換差金の額}}$$

■計算例
　例えば、交換取得資産１億円で、帳簿価額2,000万円＋譲渡経費1,000万円、交換差金を2,000万円受け取った場合、以下の計算により、圧縮限度額は、7,500万円になる。

$$1億円 - (2,000万円 + 1,000万円) \times \frac{1億円}{1億円 + 2,000万円} = 7,500万円$$

(3) 交換差金を支払った場合

> 圧縮限度額 ＝ 交換取得資産の時価 －（交換譲渡資産の帳簿価額 ＋ 譲渡経費 ＋ 交換差金）

　例えば、交換取得資産１億円で、帳簿価額2,000万円＋譲渡経費1,000万円、交換差金を2,000万円支払った場合は、5,000万円が圧縮限度額になる。

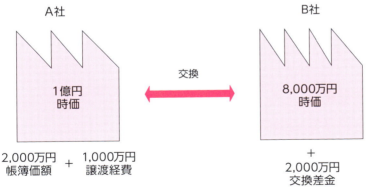

◎A社は交換差金を受け取るので、(2)の計算、B社は交換差金を払うので、(3)の計算になる。

POINT!
適用要件は、個人の固定資産の交換の特例と同様である。

17 (参考) 法人の不動産譲渡と税金
——収用等により取得した固定資産の圧縮記帳

個人が収用等により資産を譲渡した場合と同様に、法人にも収用等の場合の課税の特例がある。

1 5,000万円特別控除の損金算入

以下の要件を満たした譲渡につき、5,000万円を上限に損金に算入できる。
① 5,000万円特別控除の適用を受ける年に、収用された資産について圧縮記帳の適用を受けていないこと。
② 最初の資産買取りの申し出から6カ月以内の譲渡であること。
③ 最初に買取りの申し出を受けたものが譲渡したものであること。

2 収用等の圧縮記帳

収用等により法人の資産(棚卸資産を除く)を譲渡し、対価補償金等を受け取った場合、原則として2年以内に代替資産を取得した場合に圧縮記帳が認められる。

3 圧縮限度額の計算

$$圧縮限度額 = 圧縮基礎取得価額 \times 差益割合$$

圧縮基礎取得価額=代替資産の取得価額と「補償金-譲渡経費」のいずれか少ないほう。

$$差益割合 = \frac{(補償金 - 譲渡経費) - 譲渡資産の帳簿価額}{補償金 - 譲渡経費}$$

■計算例

譲渡経費を0円とすると、計算式は以下のようになる。

圧縮基礎取得価額5,000万円…7,000万円（代替資産）＞5,000万円－0円

$$\frac{(5,000万円-0円)-1,000万円}{5,000万円-0円}=0.8$$

（5,000万円－0円）×0.8＝4,000万円

したがって、圧縮限度額は4,000万円となる。

POINT!
収用等により、補償金や代替資産を取得した場合は、圧縮記帳できる。

チェックテスト

(1) 固定資産の交換の特例は、それぞれの所有者が3年以上所有していた資産の交換でなければならない。

(2) 固定資産の交換の特例は、交換差金が高いほうの資産の10％以内でなければならない。

(3) 居住用財産の3,000万円特別控除は、居住の用に供しなくなってから1年以内に譲渡しなければならない。

(4) 居住用財産の3,000万円特別控除は、別居の直系血族への譲渡であれば適用できる。

(5) 居住用財産の3,000万円特別控除と軽減税率は、併用できない。

(6) 居住用財産の買換え特例の買換資産は、土地の面積500㎡以下であることが、要件である。

(7) 居住用財産の買換え特例と軽減税率は、重複して適用できる。

(8) 既成市街地等内における中高層耐火建築物建設の特例で、買換資産となる建築物の建築主は、土地を取得したものでなければならない。

(9) 収用交換等の5,000万円特別控除は、買取りの申し出があった日から6カ月以内に譲渡することが要件である。

(10) 居住用財産の買換え等の場合の譲渡損失の損益通算および繰越控除は、譲渡の年の1月1日時点で3年超の所有期間が必要である。

(11) 空家に係る譲渡所得の特別控除の特例は、相続開始から譲渡までの間に、居住の用に供していた場合は適用できない。

解答

(1) ✕	(2) ✕	(3) ✕	(4) ✕	(5) ✕
(6) ◯	(7) ✕	(8) ✕	(9) ◯	(10) ✕	(11) ◯

第6章
不動産の貸付けに係る税務

過去の出題状況	2019.1	2019.5	2019.9	2020.1	2020.9	2021.1
借地権の税務						
貸宅地の整理						

1. 不動産所得
　土地や建物あるいは借地や借家を貸した場合の所得について。

2. 消費税
　不動産に関連する消費税について。

3. 借地権の税務
　借地権設定の際に授受される権利金についての税務。

4. 貸宅地の整理
　借地権の設定されている土地を売買や交換により借地権を解消する等の整理。

1 不動産所得

個人が土地や建物、あるいはその上に存する権利（借地権や借家権等）、船舶または航空機を貸すことにより、地代や家賃、権利金等の収入がある場合、不動産所得となり、所得税がかかる。

1 不動産所得と他の所得との区分

① 不動産貸付業は、その規模にかかわらず不動産所得となる。
② 屋上や壁面の看板等、公告のための土地建物の一部の賃貸は不動産所得となる。
③ 食事が提供される下宿や時間極駐車場等、不動産の貸付けとサービスの提供による所得は事業所得または雑所得となる。
④ 不動産販売業者が販売目的不動産を一時的に貸し付けた場合の使用料収入は、事業所得となる。
⑤ 借地権設定の際に、土地の時価の2分の1を超える権利金を受領する場合は譲渡所得となる。

2 不動産所得の金額

不動産所得の金額 ＝ 総収入金額 － 必要経費

なお、青色申告者は、上記の金額から青色申告特別控除ができる。

3 総収入金額

（1）総収入金額となるもの
① 地代、家賃、駐車場収入、共益費等
② 礼金、権利金、更新料等（これらは契約終了後返還を要しない）
③ 敷金、保証金でその一部または全部で借主に返還しない部分の金額

（2）収入の時期

契約で支払日が定められているものについては、支払日が収入に計上する日になる。例えば、12月31日が支払日である家賃を翌年1月に回収した場合でも、収入に計上する日は12月31日である。その後、支払いがない場合に要件を満たせば、その未収入金は貸倒損失として必要経費に算入する。

なお、継続的な記帳に基づいて賃貸料にかかる前受収益および未収収益の経理が行われていることなど一定の要件を満たす場合には、貸付け期間に対応する金額を総収入金額に計上できる。

（3）権利金、礼金等一時に受け取る金額

貸し付ける不動産の引渡日に収入として計上する。

（4）保証金、敷金等の名目で預かるもの

① 契約終了後に返還を要するものについては預かり金に計上。

② 契約により返還を要しないものは、賃貸不動産の引渡日に収入として計上。「賃貸終了時に保証金の20％を償却する（返還しない）」という契約であれば引渡時に保証金の20％は収入に計上する。

③ 期間の経過によりその全部または一部が賃貸人に帰属することなどを契約で定めた場合は、返還を要しないことが確定した都度、その確定した金額を収入金額に計上する。

④ 契約期間が終了しないと返還するかどうかがはっきりしないものについては、契約が終了し返還を要しないことがはっきりした日の収入に計上する。

例えば、原状回復のための修繕費など、貸主が敷金や保証金から差し引くもの等。

4 必要経費

（1）必要経費となるもの

① 貸し付けている不動産等にかかる固定資産税、都市計画税、事業税、不動産取得税、登録免許税等。なお、所得税・住民税は必要経費にならない。

② 不動産取得のための借入金の利息
・業務開始前——取得価額
・業務開始後——必要経費

③ 修繕費（大規模な改装等資本的支出は除く。資本的支出は取得価額に算入し減価償却の対象となる）、損害保険料（火災保険等）、入居者募集のための広告宣伝費等

④ 借主に支払う立退料
(a) 古くなった賃貸物件の建替えなどのために借主に支払う立退料は必要経費となる。
(b) 賃貸していた建物を解体して売却するための立退き等、譲渡に関するものは譲渡費用となる。

第6章 不動産の貸付けに係る税務

1 不動産所得　149

⑤ 減価償却費その他

(2) 支出の時期
① 地代や保険料等、支払った金額が翌年以降にまたがる場合は、支払金額を期間に応じて按分し計上する。
② 固定資産税や都市計画税等の納期の定められているものは、各納期の税額を納期開始日か、または実際に納付した日のいずれかに計上する。

5 減価償却

建物、建物附属設備などの土地以外の固定資産は、使用している間に少しずつ価値が減少する。そこで建物、建物附属設備等を取得した年に全額必要経費にするのではなく、これら固定資産について毎年の減価分を計算し、それを費用として計上し、固定資産の帳簿価額を減少させる。

減価償却の方法には、定額法と定率法があるが、1998年4月1日以降に取得した建物については、定額法によらなければならない。

また、2016年4月1日以後に取得した建物附属設備、構築物等も定額法しか選定できない。

6 損益通算の制限

不動産所得の計算上生じた損失は、他の所得と損益通算できるが、損失の金額のうち土地等を取得するために要した負債の利子の金額は損益通算の対象から外される。

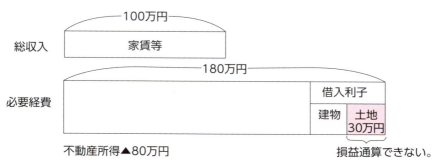

このうち、土地取得に要した負債の利子30万円は、損益通算できない。

POINT!

下宿等、単なる不動産の賃貸ではなく、サービスの提供を伴う場合は事業所得または雑所得となる。

2 消費税

　土地の地代や住宅の家賃には、原則として消費税はかからない。ただし、土地や建物の貸付けであっても消費税が課税されるものがある。
　課税対象となる主なものは以下のとおりである。
① 居住用でない建物の貸付け
② 貸付け期間が1カ月未満の居住用建物
③ 食事付きの寮等の食事提供の部分
④ 区画などが整備されている駐車場（青空駐車場は非課税）
⑤ 土地や住宅の貸付け等の非課税の貸付けであっても、仲介を依頼した宅地建物取引業者に支払う手数料は課税の対象

POINT!
土地の貸付けは非課税であるが、地面が整備され、区画もされている駐車場は消費税がかかる。

3 借地権の税務

1 借地権と贈与税の関係

　借地権の取引慣行がある地域、つまり通常は借地権設定の際に権利金の授受がされる地域で、本来授受される権利金が支払われなかった場合や通常の権利金よりも低額であった場合に、権利金相当額あるいは通常の権利金との差額が贈与として扱われるという問題がある。

　なお、権利金を授受する慣行がない地域では、権利金を支払わないことによる贈与の問題は生じない。

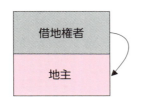

権利金
・通常、借地権を設定する場合に、権利金の授受がある地域で、借地権者が権利金を支払わない場合、地主から借地権者に権利金相当額の贈与があったものとされる。

　借地人が権利金を支払わず、借地権相当額の贈与があったとみなされた場合、地主が個人であれば借地権相当額について収入とはみなされないが、法人が地主であれば借地権相当額が収入とみなされ、法人税の課税対象（借地権の認定課税）となる。

2 借地権相当額の贈与とみなされない場合

借地権の取引慣行がある地域で、権利金を支払わずに土地を借りた場合でも、以下の（1）～（4）のケースは、借地権相当額の贈与とはみなされない。

（1）個人間で土地を使用貸借で借り受ける場合
使用貸借で地代などの対価を支払わずに土地を借りる場合。その際に固定資産税や都市計画税を負担している場合も使用貸借とされる。

（2）相当の地代を支払っている場合
権利金は支払わないが、その分地代を多く払う方法である。相当の地代とは、土地の更地価額のおおむね年6％程度である。

なお、相当の地代を改定する場合は、次のいずれかを選択し、所轄税務署長に対し、「相当の地代の改定方法に関する届出書」を提出する。
① 借地部分の土地の価額の値動きに応じて、相当の地代の額をスライドさせる。
② 相当の地代の額をスライドさせずに据え置く。

（3）将来、借り受けた土地を地主に無償で返還することを約し、所轄税務署長に土地の無償返還に関する届出書を提出している場合

（4）借地上の建物のみの贈与を受けたときなどで、その借地権の目的となっている土地の全部を使用貸借により借り受けて、所轄税務署長に「借地権の使用貸借に関する確認書」を提出している場合

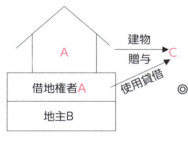

◎Cは、建物の贈与を受けたが、借地権がなければ建物を使用できない。
そこで、Aから借地権の贈与があったのではないかと考えられる。実際にCが借地権を使用貸借により借り受けたのであれば、その旨の確認書を税務署長に提出することで、借地権の贈与とはみなされない。

POINT!
権利金を支払わない場合でも、使用貸借や相当の地代を支払っている場合は贈与の問題は生じない。

4 貸宅地の整理

　借地権を設定している土地（貸宅地・底地）は、更新されることにより返還が難しく、また、地代相場も一般的に低額になり、所有のメリットがあまりなく、整理を考えることも多い。
　貸宅地の整理には、次のような方法がある。

1 売買による整理

（1）貸宅地の売却

　単純に売却する方法であるが、貸宅地のみを購入する買主をみつけることは難しく、また、一般的に譲渡価額は低額になる。そこで借地権者が購入対象になることが多い。

（2）貸宅地と借地権の共同売却

　借地権者と共同で土地を売却する方法。買主からみると所有権になるため、通常の土地売買と同様の金額での譲渡が可能となる。
　ただし、売却後の金額を地主と借地権者が按分する割合の合意が必要である。

（3）借地権の買取り、所有権の売却

　地主が借地権者から借地権を買い取り、所有権にして売却する方法。
　ただし、借地権者が地主への売却に同意をすることが条件である。

（4）借地権の買取り、定期借地権の設定

　地主が借地権を買い取ることで、いったん借地権は消滅する。その後、定期借地権を新たに設定する。
　借地権者がこの方法に同意をした場合には、更新がなく、一定期間経過後に借地権は返還される。

2 交換による整理

（1）固定資産の交換による整理

　借地権の一部と貸宅地の一部を交換する方法。借地権と貸宅地の割合に応じて所有権になった土地を分割する。
　固定資産の交換の特例が適用できれば所得税は課税されない。

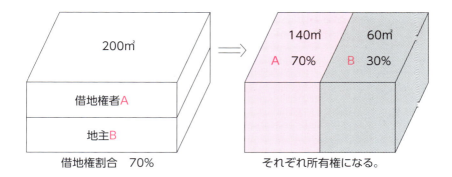

（2）等価交換による整理

借地権者、地主にディベロッパーを加えて、3者でマンション建設などの共同事業を行う。

借地権者、地主はそれぞれ当該敷地の持分を提供し、ディベロッパーは建物の建設資金を提供する。

敷地権と完成後の建物の区分所有権をそれぞれの提供した持分や資金に応じて分け合う方法である。

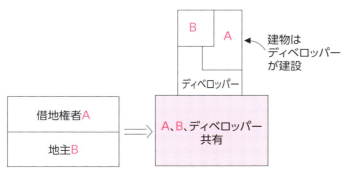

POINT!
貸宅地をディベロッパーも含めた共同事業により整理する方法がある。

チェックテスト

(1) 土地の時価の3分の1を超える権利金は、譲渡所得になる。

(2) 本年取得した賃貸用建物の減価償却は、定率法による。

(3) 不動産所得で、建物取得のための借入金利子は、損益通算できない。

(4) 居住用でない建物の貸付けには、消費税はかからない。

(5) 区画などの整備されていない青空駐車場の賃料には消費税がかからない。

(6) 借地権の取引慣行がある地域において権利金を支払わない場合で、地代を払わずに固定資産税のみを負担している場合には、借地権の贈与とみなされない。

(7) 借地権の取引慣行がある地域において権利金を支払わない場合で、土地の更地価額の3%相当の地代を支払っている場合は、借地権の贈与とみなされない。

(8) 借地権の取引慣行がある地域において権利金を支払わない場合で、将来、土地を無償で返還することを約し、「土地の無償返還に関する届出書」を税務署長に提出していれば、借地権の贈与とみなされない。

(9) 借地権の設定されている土地の整理の方法には、借地権と貸宅地の割合に応じて所有権になった敷地を分割する方法がある。

解答

(1) ×	(2) ×	(3) ×	(4) ×	(5) ○
(6) ○	(7) ×	(8) ○	(9) ○	

第**7**章

不動産の有効活用

過去の出題状況	2019.1	2019.5	2019.9	2020.1	2020.9	2021.1
有効活用の手法						

1. 建築に関する実務

建築の計画から工事の着工、完成までの流れと、建物の用途と特性について。

2. 有効活用の実務

不動産の有効活用に際して、収支計画から入居者募集、管理までの有効活用の実務。

3. 有効活用の手法

自己建設方式、事業受託方式、土地信託方式、等価交換方式、定期借地権方式がある。また、複数の土地所有者や借地権者が共同で事業を行う共同開発がある。

1 建築に関する実務

1 建築の流れ

（1）建築企画
　不動産の有効活用では、まずその土地にどのような建物を建築するか、また、建築できるか確認することから始まる。

（2）設計業務
　設計者が建築企画を基に建物の設計を行う。

（3）着工から完成まで
① 　建築物を建築するには、工事着工前に建築基準法の建築確認が必要である。
　　それ以外にも、該当する場合には、土地を造成する際には都市計画法の開発許可、あるいは農地法等の許認可が必要になる。
② 　建築確認から使用開始までのプロセス

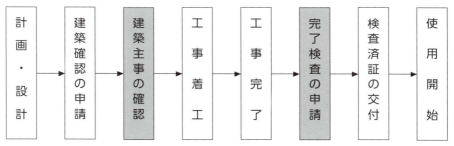

　　共同住宅等の特殊建築物や大規模建築物等は申請書受理から35日（最長70日）以内、その他の建築物は7日以内に確認を行い、適法であれば文書で通知される。
③ 　建築主は工事完了から4日以内に建築主事に対して工事完了検査（竣工検査）の申請をしなければならない。
　　建築主事は工事完了検査の申請受理後7日以内に検査し、適法であれば検査済証を交付する。
　　原則として、検査済証の交付後に建物の使用開始となる。
④ 　3階以上の共同住宅等は、工事が一定の工程を終えた段階で中間検査を受けなければならない。

2 建物用途と特性

（1）賃貸アパート・マンション

他の用途に比べて景気の変動の影響を受けにくく、比較的収入は安定している。

賃料は生活費の一部として負担されるため、上限が絶対額として抑えられ、その分、収益性はオフィスビル等に劣る。

求められる立地条件としては、日常生活の利便性（通勤・通学、買い物、公共施設の利用上など）が高いことが要求される。つまり駅から近い、買い物に便利、あるいは閑静な住宅街である等である。

（2）オフィスビル

立地条件はオフィスビル企画の重要な要素で、テナントの業務活動に適した立地（都市部や主要ターミナル周辺で業務系施設が集積している、通勤の利便性が高い、主要取引先や官公庁に近接している、ステータスのある地域等）が望ましいといえる。法人のテナント需要が中心となるため、需給関係が景気の影響を受けやすい。

（3）ロードサイド店舗

ロードサイド店舗が急増してきた背景として、自動車の普及と郊外人口の増加という社会現象がある。つまり、駐車場の少ない既存の商店街よりも、幹線道路に面し大規模な駐車場を設置できるロードサイド店舗へのニーズが高まっているといえる。

また、建物建設後に入居するテナントが、建築費相当額の建設協力金を差し入れる建設協力金方式を使えば、地主は建設資金の負担なしで事業化できる方法もある。

（注）　建設協力金方式：事業パートナーであるテナント（建物賃借人）が建設協力金という名目で金銭を土地所有者に差し入れ、土地所有者は建設協力金により建物を建設する。建物が完成すると、事業パートナーが建物賃借人として入居し、建設協力金は建物賃貸借に係る保証金に転換される。

3 立体駐車場

（1）事業の特性

立体駐車場の特徴として、①借家権が発生しないため法的トラブルが少ない、②取り壊しが容易で他用途への転用が図りやすい、③駐車場不足が慢性化している地域では比較的収益性が高い、④土地の規模に応じた計画が可能、などが挙げられる。

タワー式の駐車場は、投資額は自走式に比べ多額になるが、都市部で駐車場が不足する地域には適している。

POINT!

建設協力金方式は、テナントから受け取る将来の保証金を建設資金に充当する方式である。

1　建築に関する実務　159

2 有効活用の実務

1 フィージビリティ・スタディの実施

　フィージビリティ・スタディとは、事業性分析や市場性分析を基に事業遂行の可否や収益性を予測することをいう。

　土地所有者が有効活用を行う目的はさまざまであるが、重要なのは安定した収益を得るということである。

　例えば、相続対策で土地の評価を下げるためにアパート建築をすることがあるが、収益があがらず持ち出しになれば事業の継続は難しく、穴埋めのための不動産の売却など、土地を相続から守るために行った対策が逆効果になることもある。

　そこで、フィージビリティ・スタディが重要となる。なかでも重要なのが事業収支計画である。

2 事業収支計画の意義

　事業収支計画は、事業に必要な資金計画、収入と支出の収支計画、収支計画を基にした事業損益およびキャッシュフローを将来にわたり見積もった資料である。

　事業収支計画により、事業の可否を判断することになる。また、計画の前提となる諸条件は常に変動するため、定期的な見直しも必要となる。

3 収支計画表

事業が稼働した場合の収支を計算したものである。

■収支計画表

<table>
<tr><th colspan="3">項　目</th><th>1年目</th><th>2年目</th><th>3年目</th><th>X年目</th></tr>
<tr><td rowspan="21">損益計算書</td><td colspan="2">① 賃料収入</td><td></td><td></td><td></td><td></td></tr>
<tr><td colspan="2">② 駐車場収入</td><td></td><td></td><td></td><td></td></tr>
<tr><td colspan="2">③ 管理費・共益費</td><td></td><td></td><td></td><td></td></tr>
<tr><td colspan="2">④ 権利金・礼金</td><td></td><td></td><td></td><td></td></tr>
<tr><td colspan="2">⑤ その他収入</td><td></td><td></td><td></td><td></td></tr>
<tr><td colspan="2">収入合計①～⑤（A）</td><td></td><td></td><td></td><td></td></tr>
<tr><td rowspan="2">固定資産税
都市計画税</td><td>⑥ 土地</td><td></td><td></td><td></td><td></td></tr>
<tr><td>⑦ 建物</td><td></td><td></td><td></td><td></td></tr>
<tr><td colspan="2">⑧ 損害保険料</td><td></td><td></td><td></td><td></td></tr>
<tr><td colspan="2">⑨ 管理費・共益費</td><td></td><td></td><td></td><td></td></tr>
<tr><td colspan="2">⑩ 修繕費</td><td></td><td></td><td></td><td></td></tr>
<tr><td colspan="2">⑪ 地代</td><td></td><td></td><td></td><td></td></tr>
<tr><td colspan="2">⑫ 借入金利息</td><td></td><td></td><td></td><td></td></tr>
<tr><td colspan="2">支出費用合計（B）</td><td></td><td></td><td></td><td></td></tr>
<tr><td colspan="2">償却前利益A－B</td><td></td><td></td><td></td><td></td></tr>
<tr><td rowspan="2">減価償却費　（C）</td><td>建物</td><td></td><td></td><td></td><td></td></tr>
<tr><td>設備</td><td></td><td></td><td></td><td></td></tr>
<tr><td colspan="2">償却後利益A－B－C</td><td></td><td></td><td></td><td></td></tr>
<tr><td colspan="2">税金(所得税等)　（D）</td><td></td><td></td><td></td><td></td></tr>
<tr><td colspan="2">税引後利益A－B－C－D</td><td></td><td></td><td></td><td></td></tr>
<tr><td rowspan="9">資金計算書</td><td colspan="2">収入合計　（A）</td><td></td><td></td><td></td><td></td></tr>
<tr><td colspan="2">支出費用合計　（B）</td><td></td><td></td><td></td><td></td></tr>
<tr><td colspan="2">税金(所得税等)　（D）</td><td></td><td></td><td></td><td></td></tr>
<tr><td colspan="2">借入金元本　（E）</td><td></td><td></td><td></td><td></td></tr>
<tr><td colspan="2">支出合計（F）＝B＋D＋E</td><td></td><td></td><td></td><td></td></tr>
<tr><td colspan="2">剰余金A－F</td><td></td><td></td><td></td><td></td></tr>
<tr><td colspan="2">剰余金累計</td><td></td><td></td><td></td><td></td></tr>
<tr><td colspan="2">借入金残額</td><td></td><td></td><td></td><td></td></tr>
</table>

4 収支計画表の各項目

（1）収入
賃料、共益費、駐車場収入、権利金等が該当する。

（2）支出
① 管理費——清掃・保守点検等の費用。
② 修繕費——毎年発生するものと大規模修繕があるが、おおむね工事費の0.5％程度が目安となる。
③ 保険料——火災保険等。年当たりおおむね工事費の0.1～0.2％が目安となる。
④ 固定資産税——税率は標準税率1.4％。住宅用地の特例あり。
⑤ 都市計画税——税率は制限税率0.3％。住宅用地の特例あり。
⑥ 借入金利息——土地建物の取得のための借入金の利息。

（3）減価償却費
減価償却費は、所得税を計算する際には必要経費になるため損益計算には計上するが、資金計算をするときは実際に毎年発生する費用ではないため計上しない。

（4）借入金元本返済
借入金の元本返済は、所得税を計算する際には必要経費にならないため損益計算には計上しないが、実際に毎年支払いが発生する費用であるため、資金計算をするときには計上する。

■損益計算書

■資金計算書

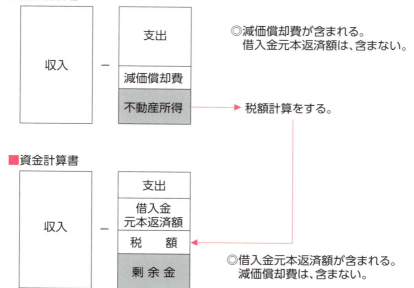

■事業計画の例

下記の資料にもとづいた初年度不動産所得と初年度キャッシュフローはいくらか。
〔資　料〕
　事業計画の概要
　土地面積：400㎡
　建物：軽量鉄骨造2階建アパート
　　　　延べ面積　400㎡
　　　　戸数　　　10戸
　建設費：50,000,000円（全額借入）
　　　　　融資条件　借入期間20年
　　　　　　　　　　金利年3.8％
　　　　　　　　　　元利均等返済　毎月末300,000円返済
　初年度事業収支計画：
　　　　　賃料収入　　1戸当たり月額10万円
　　　　　租税公課　　年額　　　　400,000円
　　　　　管理費等　　年額　　　　600,000円
　　　　　火災保険料　年額　　　　 60,000円
　　　　　借入金返済　元金返済　1,800,000円
　　　　　減価償却費　年額　　　2,000,000円

【解　答】
・初年度不動産所得
　収入：賃料100,000円×10戸×12カ月＝12,000,000円
　必要経費：租税公課400,000円＋管理費等600,000円＋火災保険料60,000円
　　　　　　＋借入金利息（300,000円×12カ月−1,800,000円）
　　　　　　＋減価償却費2,000,000円＝4,860,000円
　不動産所得：12,000,000円−4,860,000円＝7,140,000円

・初年度キャッシュフロー
　7,140,000円＋2,000,000円−1,800,000円＝7,340,000円
　不動産所得に減価償却を加算し、借入金元金返済額を控除して求める。

第7章

不動産の有効活用

2　有効活用の実務　163

3 有効活用の手法 ──（参考）自己建設方式・事業受託方式

1 自己建設方式、事業受託方式の概要

　自己建設方式は地主が事業主体となって有効活用を行う方式である。企画から設計、建設、賃貸等のそれぞれを設計事務所や建設会社、不動産会社等の専門家と地主自ら折衝をして事業を進めていく。
　事業受託方式は、地主がディベロッパー（不動産開発業者）に業務を委託し、進めていく方式である。

2 事業受託方式の仕組み

　事業受託方式はその土地の立地調査、法的規制の調査、マーケティング、事業形態の決定、事業の収益性、事業資金の調達（借入れのあっせん）、近隣問題の解決、建設会社の選定、施工、監理、さらに事業化の過程での法律問題、税務問題等一切の業務をディベロッパーが請け負う方式である。

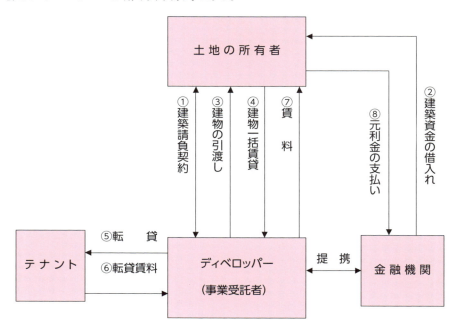

③ 自己建設方式が適している地主

① 土地を手放したくない。
② 現状の土地利用が非効率である。
③ 固定資産税等の保有コストの負担が重い。
④ 相続対策が必要。
  ・土地は貸家建付地の評価になる。
  ・建物は貸家の評価になる。
  ・要件を満たせば小規模宅地の評価減の特例を適用できる。

④ 事業受託方式が適している地主

上記①～④に加えて次のような事情が考えられる。
⑤ 有効活用のノウハウがない。
  ・ディベロッパーのノウハウを活用できる。
⑥ さまざまな調査、計画、資金調達の手続き等がわずらわしい。
  ・ディベロッパーが一切の手続きをしてくれる。
⑦ 予定どおり賃料収入が得られるか不安がある。
  ・一括借上げを利用すれば入居者に関係なく、一定の収入が得られる。

⑤ 事業受託方式の税務

（1）所得に関する税務

土地所有者が個人の場合、賃料収入は不動産所得になる。
不動産所得は、「総収入金額－必要経費」で計算し、損失を生じた場合は、他の所得と損益通算することができ、その場合、所得税の軽減効果がある。

（2）相続税

土地は貸家建付地として評価する等、以下の効果がある。
① 賃貸建物の敷地（貸家建付地）の評価
   自用地の価額×（1－借地権割合×借家権割合×賃貸割合）
② 賃貸建物（貸家）の評価
   自用家屋の価額×（1－借家権割合×賃貸割合）
③ 小規模宅地等についての相続税の課税価格の計算の特例
   要件を満たすことで、宅地等のうち一定面積までの部分は評価が下げられる。
④ 相続人が負担する被相続人の債務（建築資金の借入残高など）は、債務控除できる。

POINT!

事業受託方式は、資金調達はディベロッパーがあっせんしてくれるが、借入主体は地主である。

4 有効活用の手法 ──（参考）土地信託方式

1 土地信託方式の概要

　土地信託方式とは、土地所有者（委託者）が土地の有効活用を目的として、「受託者」に土地を信託という形で預け、受託者である信託銀行が信託財産の管理・運用を目的として、所要資金の調達、建物の建設、賃貸、分譲等を行い、その管理、運用、処分の成果を「受益者」（通常は委託者）に信託配当として交付する仕組みである。

2 土地信託方式の種類

(1) 賃貸型

　土地所有者（委託者）が、建物の建築および管理・運用を目的として、信託銀行（受託者）と信託契約をする。建設資金は信託銀行が調達して建物を建築し、完成後の管理・運用を行う。土地の登記上の名義は信託銀行に移転するが、委託者は受益権（利益を得る権利）を有することとなる。信託銀行は建物の賃貸による収益から、諸経費を差し引いた額を信託配当として受益者に交付する。この信託配当は実績に応じて支払われ、一定の額が保証されるわけではない。信託期間終了後、土地は受益者に返還される。

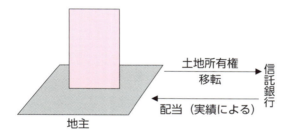

(2) 処分（分譲）型

　土地所有者が土地の処分を目的に土地を信託し、信託銀行は資金調達から土地の造成、建物の建築を行って分譲する。分譲代金から建築費、造成費、販売費、信託報酬を差し引いた残りが土地所有者に支払われる。

3 土地信託方式の特徴

（1）賃貸型
① 土地の形式的な所有権は移転するが、信託期間満了後は受益者に土地の所有権が戻ってくる。
② 建物の建設から管理まで、土地の管理・運用の一切は受託者である信託銀行等が行うので、土地所有者は繁雑な事務処理や経理処理にわずらわされることなく保有不動産の有効活用が図れる。
③ 信託による配当は、運用実績に基づき支払われるため、一定の収益を確保できるとは限らない（実績配当主義）。

（2）処分（分譲）型
① 土地だけを譲渡する場合に比べ、土地の造成・マンション建設等により付加価値をつけて売却できる。
② 有効活用の一切を信託銀行が行うのでわずらわしさがない。
③ 販売計画が達成できない等、計画どおりの利益が得られない場合でも事業リスクは地主が負う。

4 土地信託に関する税務（賃貸型）

（1）土地信託設定時
信託財産は信託銀行に移転するが、形式的な移転にすぎないため譲渡には該当しない。

（2）信託財産の運用時
個人が受け取る配当は不動産所得となる。

（3）信託受益権の相続・贈与時
相続や贈与により信託受益権を取得した場合（元本と収益を同一人が取得した場合）は、その受益権の目的となっている土地建物を取得したとして課税の対象となる。ただし、土地の評価は貸家建付地、建物の評価は貸家の評価になり、債務があれば債務控除の対象になる。

（4）土地信託終了時
信託銀行から受益者に移転するが、形式的なものであるため資産の取得に該当せず、課税されない。

4　有効活用の手法──(参考)土地信託方式　167

5 土地信託に係る地方税、登録免許税

（1）信託契約時
① 登録免許税

信託の登記に対して課税される。所有権移転登記は、形式的な移転による登記のため課税されない。

② 不動産取得税

非課税である。

（2）信託期間中
① 不動産取得税、登録免許税

建物の取得に伴い、不動産取得税が課税される。また、建物の登記に際して所有権保存登記、建物の信託登記時にそれぞれ登録免許税が課税される。

② 固定資産税、都市計画税

土地建物につき受託者である信託銀行に課税され、その分は信託配当から差し引かれる。

③ 事業税

受益者に課税される。

（3）信託終了時
① 登録免許税

信託登記の抹消に対して課税される。所有権移転登記については、形式的な移転のため課税されないが、当初の委託者以外のものが受益者となり所有権を取得する場合には課税される。

② 不動産取得税

当初の委託者である地主に返還される場合は非課税である。ただし、当初の委託者以外のものが受益者となり所有権を取得する場合には課税される。

POINT!
土地信託方式で受け取る配当は実績配当である。

5 有効活用の手法 —— 等価交換方式

1 等価交換方式の概要

　土地所有者の土地上にディベロッパーが建物を建設し、完成後の土地を共有し、建設した区分所有建物を土地所有者とディベロッパーが分け合う方式である。等価交換方式は、土地の譲渡の範囲によって部分譲渡方式と全部譲渡方式とに分けられる。

（1）部分譲渡方式

　土地所有者が、土地の一部をディベロッパーに譲渡し、その等価の建物の一部（区分所有権）を取得する方式である。なお、税額を計算する際は、土地の一部を譲渡し、その譲渡に見合う建物の一部を買換えで取得することになる。

（2）全部譲渡方式

　土地所有者が、土地の全部をいったんディベロッパーに譲渡し、建物完成後あらためて土地代相当の区分所有建物および、その敷地（共有持分）を取得する方式である。なお、税額を計算する際は、全部譲渡方式では、地主は土地すべてを譲渡し、譲渡に見合う土地付建物（区分所有建物）を買換えで取得することになる。

2 等価交換方式の特徴

①　土地の一部を売却したことに対する譲渡益の課税については、一定の買換え制度の要件に該当する限り、その大部分が繰延べされる。ただし、所有期間は引き継がないので、交換による取得日が実際の取得日となる。

②　建物建設などの事業資金はディベロッパーなどが負担するので、土地所有者は資金がいらず、借入金をおこす必要はない。したがって、土地を賃貸する場合に比べてキャッシュフローは通常相当よくなる。ただし、この方式で取得する建物の取得価格は譲渡した土地の取得価格を引き継ぐので、減価償却できる金額は実際の取得価額に比べ少額となる。

③　建物の完成から引渡しまでの一連の業務はディベロッパーが行うので、土地所有者は手間がかからない。また、ディベロッパーから引渡しを受けた後の建物の管理・運用は、通常ディベロッパーに委託できるので、土地所有者には特別のノウハウは必要ない。

④　区分所有建物を取得するので、将来1戸単位で譲渡できる。

⑤　相続の際には、賃貸部分については貸家建付地や貸家等の評価になる。

POINT!

地主が土地を譲渡した際に発生する譲渡所得は、買換えの特例の対象になり、課税を繰り延べることができる。

6 有効活用の手法 —— 定期借地権方式

1 定期借地権方式の概要

　定期借地権方式は、土地の有効活用を図るために、期間満了とともに契約が終了する定期借地権を活用した方式で、土地所有者が土地だけを借地人に賃貸し、借地人はその土地の上にオフィスビルやマンション等を建設して賃貸し、運用する仕組みである。

（1）一般定期借地権

　建物の目的には制限がなく、定期借地権付マンション等に利用される。
　期間満了時には、原則として建物を撤去して更地で返還される。

（2）事業用定期借地権

　ファミリーレストランや大型家電量販店など、ロードサイドビジネスに適している。居住用建物を目的に設定することはできない。
　期間満了時には原則として更地で返還される。

（3）建物譲渡特約付借地権

　建物の目的には制限がない。
　また、地主が建物を買い取ることにより借地権は終了する。

2 定期借地権方式の特徴

（1）借地権設定者（地主）

① 一定期間土地を貸すだけなので、土地を手放す必要がない。
② 建築、管理等の業務がなく、事業リスクは低く、わずらわしさもない。
③ 保証金等の一時的な収入のほか、地代の安定収入が得られる。

（2）借地権者

① 一定期間ではあるが、完全所有権の物権よりも安く利用できる。
② 建物の増改築に制限がない。
③ 相続できる。

POINT!

定期借地権方式は一定期間土地を貸すだけなので、事業リスクは少ない方式である。

7 有効活用の手法 ──（参考）共同開発

　隣接している複数の土地所有者や借地権者が共同でマンション建設をする等、開発事業を行うことを共同開発という。

1 共同開発の特徴

① 共同化により土地がまとまり大規模な開発ができることで、それぞれの土地の利用効率が高まる。
② 以下のように建蔽率、容積率の計算上、有利になることがある。

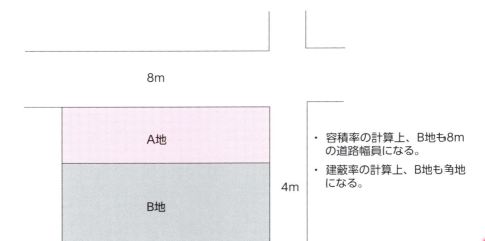

③ 関係者が多くなることにより、合意に時間がかかる。
④ 共同化する土地や建物の分配の調整が必要となる。

POINT!
共同開発により大規模な事業を行うことができ、土地の利用効率は高まる。

チェックテスト

(1) 損益計算書には借入金の元本返済額を計上しない。

(2) 減価償却費は、資金計算書に計上しない。

(3) 自己建設方式は、地主自らが主体となり、建設会社などの専門家と折衝しながら事業を進めていく方式である。

(4) 事業受託方式は、土地を手放すことなく事業を行うことができる。

(5) 事業受託方式では、相続時に土地は自用地としての評価になる。

(6) 土地信託方式の賃貸型で支払われる配当は、一定の金額が約束される。

(7) 土地信託方式の賃貸型で、受益者が受け取る配当は不動産所得となる。

(8) 等価交換方式の部分譲渡方式は、土地所有者はいったん土地の全部を譲渡し、あらためて土地相当分の区分所有建物と土地の共有持ち分を取得する方式である。

(9) 共同開発により事業を行うことで、大規模な事業を行うことができ、通常、土地の利用効率は高まる。

解答

(1) ○	(2) ○	(3) ○	(4) ○	(5) ×
(6) ×	(7) ○	(8) ×	(9) ○	

第8章

不動産の証券化

過去の出題状況	2019.1	2019.5	2019.9	2020.1	2020.9	2021.1
不動産の投資判断	☆	☆			☆	

1. 証券化の背景・形態
　所有している不動産を証券化することにより資金調達できるとともに、財務諸表から切り離すことで不動産の下落によるリスクを本業と切り離すことができる。

2. 証券化関連の法律
　不動産の証券化に関連してさまざまな法律がある。

3. 不動産投資信託
　不動産を投資対象とする投資信託の仕組みや特徴。

4. 不動産の投資判断
　不動産投資の可否をDCF法等により判断する。

1 証券化の背景・形態

1 不動産の流動化の要請と証券化のニーズ

　土地は上がり続けるという「土地神話」が崩壊して久しい現状では、資産として土地を保有することには、土地の下落、換金性の低さ等の不動産リスクがある。

　土地所有者からみると、不動産の証券化により財務諸表から不動産を切り離すことができ、不動産価格が下落した場合の影響を受けなくなる。また、証券化により調達した資金により有利子負債の削減等、財務体質の強化になる等のメリットがある。

　個人投資家など土地所有者以外からみても、不動産の証券化により投資単位が小口化され、株式や債券などに加えて不動産も投資対象の１つとなった。

2 証券化の発展の３形態

（1）現物投資

　土地やマンション、商業ビル等への直接投資である。

（2）小口化投資

　現物不動産を100分の１などの持分で共有にし、販売する手法。

　例えば、100億円の不動産を100分の１の１億円から購入できるよう小口化するなどである。

　小口化した持分を事業者が一括して借り上げ、投資家は事業者から賃料を受け取ることになる。

（3）証券化投資

　不動産投資信託等、不動産の権利を証券化したものである。

POINT!

現物投資では高額であり、かつ流動性も劣る不動産を証券化することで、投資金額を引き下げ、換金性を高めることができる。

2 証券化関連の法律

1 資産の流動化に関する法律（資産流動化法）

　資産流動化法は、不動産の保有者が不動産をバランスシートから除外（オフバランス）するために、特定目的会社または特定目的信託を用いて資産を処分することをいう。

（1）特定目的会社制度（TMK）
　特定目的会社は有価証券を発行して投資家に引き受けてもらい、その資金で不動産所有者から不動産を取得し、外部に委託した受託者に不動産の管理処分を委託し、その収益で投資家に利益の配当等を行う。
　特定目的会社は業務を行うときは、あらかじめ内閣総理大臣に届出をしなければならない。

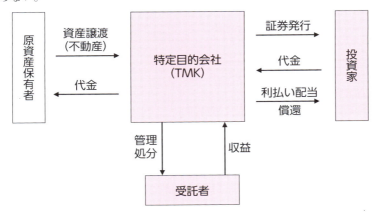

■特定目的会社の業務
① 特定目的会社が発行する証券は次の３種類である。
　・優先出資：株式会社の株式に相当する。
　・特定社債：特定目的会社が発行する社債である。
　・特定約束手形：特定目的会社が発行する約束手形である。
② 特定目的会社は特定資産を取得するために、銀行等から借入れをすることができる。
③ 特定目的会社は特定資産の流動化に係る業務およびその付帯業務のほか、他業を営むことはできない。
④ 特定目的会社は原則として、特定資産の管理および処分に係る業務を信託会社に信託しなければならない。
⑤ 特定目的会社が支払う利益の配当の額が配当可能金額の90％を超える等、一定の

要件を満たすことで、その配当の金額を損金に算入できる。

(2) 特定目的信託制度

特定目的信託とは、資産の流動化を目的とし、かつ、信託契約の締結時に委託者である不動産所有者（原資産保有者）が有する受益権を分割することにより、複数のものに取得させることを目的とするものをいう。

特定目的信託を締結するときは、あらかじめ内閣総理大臣に届出をしなければならない。

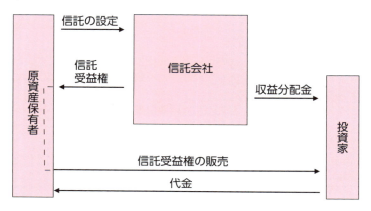

■特定目的信託の業務
① 特定資産の管理・処分は受託信託会社等が行う。
② 受託信託銀行は、受益権を表示するための受益証券を発行する。
③ 特定目的信託による利益の配当の額が配当可能金額の90％を超える等、一定の要件を満たすことでその配当の金額を損金に算入できる。

POINT!
特定目的会社が業務を開始する場合や特定目的信託を契約締結する場合には、あらかじめ内閣総理大臣への届出が必要である。

3 不動産投資信託

1 不動産投資信託の概要

投資信託は「証券投資信託及び証券投資法人に関する法律」によって、主に株式や債券などの有価証券で運用されてきたが、2000年の信託法改正により「主として不動産に対して運用すること」を前提にした投資信託が認められるようになった。これが「不動産投資信託」であり、米国REIT（Real Estate Investment Trust）にちなみ、J-REITとも呼ばれている。

2 不動産投資信託の仕組み

(1) 投資法人型（会社型）

① 設立企画人が投資法人を設立する。設立企画人は、株式会社における発起人に相当する。投資法人には、株式会社の株主総会にあたる投資主総会や役員会といった機関が設立される。
② 投資法人は、投資口（有価証券）を発行し、投資家に販売する。
③ 投資法人は、投資家より集めた資金で現物不動産、不動産信託受益権、不動産証券化商品等の不動産等を購入する。
④ 実際の投資物件の選定や投資判断は投資法人から委託された投資信託委託業者が行う。
⑤ 投資した不動産や財産は資産保管会社によって保管され、投資によって得られた利益は各投資主の投資口によって分配される。

■投資法人型（会社型）

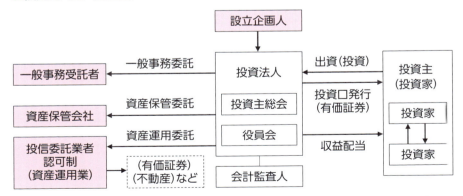

❸ 不動産投資信託の特徴

① 投資法人および投資信託は、一定の要件（配当可能所得の90％超を投資家や受益者に分配するなど）を満たす場合は、支払った配当を損金計上できるため、投資法人および投資信託は実質非課税とすることができ、投資家との二重課税が行われない。

② 上場不動産投資信託は、株式と同様に市場で売買でき、流動性がある。

③ 複数の不動産に分散して投資するので、投資リスクの分散を図ることができる。

④ 少額から投資ができる。

⑤ プロが運用し、また物件管理等も任せることができるため手間がかからない。

⑥ 不動産投資信託はクローズド・エンド型（解約請求できない）の会社型の投資信託である。

POINT!

上場不動産投資信託は、株式と同様に市場で売買でき、流動性が高い。

4 不動産の投資判断 —— 不動産の評価方法

1 収益還元法としてのDCF法（Discounted Cash Flow）

収益還元法とは、対象不動産が将来生み出すであろうと期待される純収益を基に不動産の価格を求める手法である。収益還元法には、直接還元法とDCF法がある。

（1）直接還元法
一期間の純収益を還元利回りで除して求める。

$$収益価格 =（総収益 - 総費用）÷ 還元利回り$$

■計算例
（総収益180万円 - 総費用80万）÷ 還元利回り5％ = 2,000万円

（2）DCF法
連続する複数の期間に発生する純収益および復帰価格（販売予測価格…売却費用）をその発生時期に応じて現在価値に割り引いたうえで、合計して求める。

$$収益価格 = \sum_{k=1}^{n} \frac{毎期の純利益}{(1+割引率)^k} + \frac{復帰価格}{(1+割引率)^n}$$

■計算例
1年目から3年目の純収益100万円（割引率5％）、3年経過後に転売予定。転売予定価格（復帰価格）は3年目の純収益を5％の還元利回りで割り戻す。

$$\frac{1年目100万円}{(1+0.05)^1} + \frac{2年目100万円}{(1+0.05)^2} + \frac{3年目100万円}{(1+0.05)^3} + \frac{転売100万円÷5％}{(1+0.05)^3} ≒ 2,000万円$$

■設例　DCF法による不動産価格

○物件概要
　構造等　　鉄筋コンクリート造10階建の4階部分
　種類　　　事務所
　専有面積　130㎡
○賃貸条件
　賃料　　　月額20万円
○収益性からの検討価格の前提条件
　① 5年間賃貸（賃料は一定）した後、転売する。
　② 収益性からの不動産価格は、5年間の賃料による純収益の現在価値の総和と、5年後の転売価格の現在価値での合計額により算出する。

③　賃貸に伴う経費は、年間賃料の20％とする。
④　計算に使用する率（償却前純収益に対応）

割引率	5％
転売時還元利回り	6％

（注）複利現価率は、小数点以下第3位を四捨五入し、小数点第2位までの数値とする。

【解　答】
(1)　年間純収益の計算
　　　純収益＝総収益－総費用
　　　192万円＝20万円×12カ月－20万円×12カ月×0.2
（注）前提条件に空室による損失額が設定されているときは、その分を控除する。

(2)　純収益の現在価値の計算
　　　現在の収益と1年後の収益とでは時期が異なり、同じ価値とはいえない。
　　そこで各期の収益を現在価値に割り引くことが必要となる。
　　　純収益の現在価値＝純収益×複利現価率
　　　n年目の複利現価率＝$1 \div (1 + 割引率)^n$

〈各期の純収益の現在価値〉

収益時期	純収益	複利現価率	現在価値
1年目	192万円	$1 \div (1 + 0.05) \fallingdotseq 0.952$	182.8万円
2年目	192万円	$1 \div (1 + 0.05)^2 \fallingdotseq 0.907$	174.1万円
3年目	192万円	$1 \div (1 + 0.05)^3 \fallingdotseq 0.864$	165.9万円
4年目	192万円	$1 \div (1 + 0.05)^4 \fallingdotseq 0.823$	158.0万円
5年目	192万円	$1 \div (1 + 0.05)^5 \fallingdotseq 0.784$	150.5万円
合　計	960万円	——	831.3万円

(3)　転売価格の現在価値の計算
　　転売価格の現在価値＝5年目の純収益÷転売時還元利回り×5年目の複利
　　　　　　　　　　　現価率
　　　　　　　　　＝192万円÷0.06×0.784
　　　　　　　　　＝2,508.8万円

(4)　収益性から検討した不動産の価格の計算
　　　不動産価格＝5年間の純収益の現在価値＋5年後の転売価格の現在価値
　　　　　　　　＝831.3万円＋2,508.8万円
　　　　　　　　＝3,340.1万円

② NPV法（Net Present Value）とIRR法（Internal Rate of Return）

DCF法で、対象不動産に投資するかどうかを考える判断基準にはNPV法とIRR法がある。

毎年の純収益が100万円で割引率が5％、3年経過後に純収益を5％で除した金額で転売できたとすると、それぞれは以下の計算になる。

（1）NPV法（正味現在価値法）

投資によってもたらされる将来の収益（賃料や売却額）を現在価値に割り引いたものの合計から投資対象不動産の価値を導き出そうとするものである。この合計から自己投資額の現在価値を控除した数値が大きければ大きいほど、投資価値が高いと判断される。

$$\frac{1年目100万円}{(1+0.05)^1} + \frac{2年目100万円}{(1+0.05)^2} + \frac{3年目100万円}{(1+0.05)^3} + \frac{転売100万円÷5％}{(1+0.05)^3} \fallingdotseq 2,000万円$$

投資対象の不動産が2,000万円より安いほど有利な投資対象といえる。

（2）IRR法（内部収益率法）

投資対象不動産から得られる将来の収益の現在価値と投資額を等しくする割引率を内部収益率という。この内部収益率が、投資家の期待する収益率よりも大きいほど、投資価値が高いと判断される。

$$\frac{1年目100万円}{(1+X)^1} + \frac{2年目100万円}{(1+X)^2} + \frac{3年目100万円}{(1+X)^3} + \frac{転売100万円÷5％}{(1+X)^3} = 2,000万円$$

投資対象が2,000万円であるときに、2,000万円と上記計算式が等しくなるXを求めるのが、IRR法である。このケースは、$X \fallingdotseq 0.05$が内部収益率となる。

内部収益率に限れば、Xの数値が高いほど有利な投資対象といえる。

③ DCF法の純収益や割引率等

（1）純収益

DCF法で純収益を算定する場合、通常は不動産所得から減価償却費は控除せず、借入金の元本返済額は控除し計算する。また、不動産所得や法人税にかかる税金も通常は控除しない。

> DCF法の純収益 ＝ 不動産所得 ＋ 減価償却費 － 借入金元本返済額

（2）割引率

割引率を求める方法には、債券等の金融資産の利回りから求める方法（例：10年物国債の利回り＋α）、借入金から求める方法（例：借入金利＋α）、類似の不動産との比較から求める方法等がある。

（3）復帰価格

復帰価格は、復帰予定時の純収益を還元利回りで割り戻し、さらに割引率で除する方法により求める。

---

4 DSCR（借入金償還余裕率）

DSCR（Debt Service Coverage Ratio）とは、借入金の返済能力をみる指標で、年間の純収益に対する元本返済の割合を表す。基本式は、年間純収益を年間元利返済額（借入金償還額）で割った数値である。DSCRが1を超えると、不動産から得られる純収益によって、借入金の元利金返済が可能となる。

$$DSCR = \frac{年間純収益}{年間元利返済額}$$

■計算例

年間純収益が120万円、年間元利返済額100万円の場合、

$$\frac{120万円}{100万円} = 1.2$$

数値は大きいほど安全性が高いといえる。

5 その他の投資判断指標

（1）単純利回り

総収入を総投資額で除して求める。

$$単純利回り（\%）＝\frac{年間賃料総収入}{総投資額}\times 100$$

（2）純利回り

単純利回りに対して、不動産の諸経費を考慮した利回り。

$$純利回り（\%）＝\frac{年間賃料総収入－諸経費}{総投資額}\times 100$$

（3）投下資本収益率

諸経費に減価償却費を加えて計算する。

$$投下資本収益率（\%）＝\frac{年間賃料総収入－諸経費（減価償却費含む）}{総投資額}\times 100$$

（4）総合収益率

単年度の事業収益に資産の評価損益を加味して求める。

$$総合収益率＝\frac{純利益}{期首の資産価値}＋\frac{期末の資産価値－期首の資産価値}{期首の資産価値}$$

$$＝インカム収益率＋キャピタル収益率$$

（5）投資回収期間法

総投資支出が、当該不動産が生み出す収益により、どの程度の期間で回収できるかを求める。

$$投資回収期間（年）＝\frac{総投資額}{償却前営業利益}$$

POINT!

DCF法は、連続する複数の期間に発生する純収益および復帰価格を現在価値に割り引いて、それらを合計して求める。

4 不動産の投資判断 —— 不動産の評価方法

チェックテスト

(1) 不動産の証券化により、原資産（不動産）保有者は、財務から不動産を切り離すことができる。

(2) 特定目的会社は、業務を行うときは本社の所在地の都道府県知事に届出をしなければならない。

(3) 特定目的会社が発行する証券には、優先出資、特定社債、特定約束手形がある。

(4) 特定目的信託を締結するときは、あらかじめ内閣総理大臣に届出をしなければならない。

(5) 不動産投資信託で、配当可能金額の90％超を投資家や受益者に分配することで、支払った配当を損金に算入できる。

(6) 上場不動産投資信託は上場株式と同様に売買できる。

(7) 収益還元法には、DCF法と原価法がある。

(8) 投資対象の不動産が、NPV法により算出した不動産価格より安いほど有利な投資対象といえる。

(9) IRR法で、内部収益率に限った場合、内部収益率が高いほど有利な投資対象といえる。

(10) DSCR（借入金償還余裕率）は、数値が高いほど安全性が高いといえる。

解答

(1) ○	(2) ×	(3) ○	(4) ○	(5) ○
(6) ○	(7) ×	(8) ○	(9) ○	(10) ○

Memo

第8章

不動産の証券化

チェックテスト　185

索　引

【英字】

DCF法 179
DSCR 182
IRR法 181
NPV法 181
TMK 175

【ア行】

圧縮記帳 141
空き家に係る譲渡所得の特別控除の
　特例 135
１号仮登記 9
一般定期借地権 35
一般媒介契約 24
囲繞地通行権 13
違約手付 27
印紙税 100
インスペクション 23
オフィスビル 159

【カ行】

開発許可制度 48
解約手付 27
貸宅地の整理 154
過怠税 100
借入金償還余裕率 182
仮登記 9
仮登記の効力 11
監視区域 78, 79
鑑定評価 15
危険負担 30
基準地標準価格 14
規制区域 78, 80
既成市街地等内における
　中高層耐火建築物建設の特例 129
北側斜線制限 70
共同開発 171

共同担保目録 5
強迫 25
共用部分 87
近隣地域 16
区分所有法 87
軽減税率の特例 120
契約不適合責任 31
減価償却 150
原価法 19
建築確認 51
建築企画 158
建築協定 76
建築制限 49
建築物の敷地の接道義務 53
限定価格 17
現物投資 174
建蔽率の緩和 56
建蔽率の制限 56
権利移動 81
権利部 4
公示価格 14
公信力 3
高度地区 47
高度利用地区 47
公簿取引 29
小口化投資 174
国土利用計画法 78
5,000万円の特別控除 132
固定資産税 102
固定資産税評価額 14
固定資産の交換の特例 113

【サ行】

詐欺 25
錯誤 25
3,000万円の特別控除 118
市街化区域 45

市街化調整区域……………………………45
敷地面積の制限…………………………77
敷地利用権………………………………88
事業受託方式……………………………164
事業用定期借地権等……………………35
自己建設方式……………………………164
事後届出制………………………………78
資産の流動化に関する法律……………175
資産流動化法……………………………175
事前通知制度……………………………12
実測取引…………………………………29
借地権……………………………………33
借地権の税務……………………………152
借賃増減請求権…………………………40
収益還元法………………………………19
収支計画表………………………………161
住宅瑕疵担保履行法……………………32
重要事項の説明…………………………22
収用等による資産の譲渡の特例………132
純収益……………………………………181
準都市計画区域…………………………44
準防火地域………………………………72
純利回り…………………………………183
証券化投資………………………………174
消費税………………………………99, 151
正味現在価値法…………………………181
証約手付…………………………………27
心裡留保…………………………………25
生産緑地法………………………………83
正常価格…………………………………17
絶対高さ制限……………………………77
専属専任媒介契約………………………24
専任媒介契約……………………………24
専有部分…………………………………87
総合収益率………………………………183
造作買取請求権…………………………40
総収入金額………………………………148
相続税評価額……………………………14

【タ行】
対抗力……………………………………3

宅地建物取引業法………………………22
建物買取請求権…………………………34
建物状況調査……………………………23
建物譲渡特約付借地権…………………35
単純利回り………………………………183
地区計画等………………………………47
地上権……………………………………33
注視区域……………………………78, 79
直接還元法………………………………179
賃貸アパート・マンション……………159
通謀（虚偽表示）………………………25
定期借地権………………………35, 36, 37
定期借地権方式…………………………170
定期借家契約……………………………39
転用………………………………………82
同一需給圏………………………………16
同一年中に特別控除の適用が
　　2つ以上ある場合の特例……………136
等価交換方式……………………………169
等価交換方式に適用する特例…………131
投下資本収益率…………………………83
登記識別情報……………………………12
登記事項証明書…………………………2
登記事項要約書…………………………2
投資回収期間法…………………………183
登録免許税………………………………97
道路斜線制限……………………………68
道路に関する制限………………………52
道路の定義………………………………52
特殊価格…………………………………18
特定価格…………………………………18
特定の居住用財産の買換えの特例………122
特定の事業用資産の譲渡の特例…………126
特定目的会社制度………………………175
特定目的信託制度………………………176
特定用途制限地域………………………47
特別用途地区……………………………47
都市計画区域……………………………44
都市計画税………………………………105
都市計画制限……………………………50
都市計画法………………………………44

土地区画整理法…………………84	類似地域…………………16
土地信託方式…………………166	連担建築物設計制度…………74
土地賃借権…………………33	ロードサイド店舗…………159
取引事例比較法…………………19	路線価…………………14

【ナ行】

内部収益率法…………………181
２号仮登記…………………9
農地法…………………81
農地法３条…………………81
農地法４条…………………82
農地法５条…………………82

【ハ行】

日影規制…………………71
非線引都市計画区域…………45
筆界特定制度…………………29
必要経費…………………149
表題部…………………4
品確法…………………32
フィージビリティ・スタディ…………160
普通借地権…………………36
普通借家契約…………………38
復帰価格…………………182
不動産取得税…………………94
不動産所得…………………148
不動産投資信託…………………177
不動産の評価方法…………179
分離短期譲渡…………………110
分離長期譲渡…………………110
防火地域…………………72

【ヤ行】

容積率制限…………………61
容積率の緩和…………………63
用途地域…………………46
用途に関する制限…………54

【ラ行】

立体駐車場…………………159
隣地斜線制限…………………69

【ワ行】

割引率…………………181

Memo

<執筆者>

阪田　貴史（さかた・たかし）
1級ファイナンシャル・プランニング技能士／ＣＦＰ®認定者

大手介護関連会社にてサービス提供者を経て拠点責任者を担当。
介護業界での勤務経験から感じたファイナンシャル・プランニングの重要性を伝えるべく、2006年に株式会社Ｔ＆Ｋを設立。
現在は、資格学校、大学、不動産会社、生命保険会社等でＦＰ資格の講座や企業研修の講師として活動している。

＊ＣＦＰ®は、米国外においてはFinancial Planning Standards Board Ltd.（FPSB）の登録商標で、FPSBとのライセンス契約の下に、日本国内においてはNPO法人日本FP協会が商標の使用を認めています。

よくわかるFPシリーズ

2021-2022年版
合格テキスト　FP技能士1級　⑤不動産

（2013年度版　2013年6月30日　初版　第1刷発行）

2021年6月5日　初　版　第1刷発行

編　著　者	Ｔ　Ａ　Ｃ　株　式　会　社	
	（FP講座）	
発　行　者	多　　田　　敏　　男	
発　行　所	ＴＡＣ株式会社　出版事業部	
	（ＴＡＣ出版）	

〒101-8383
東京都千代田区神田三崎町3-2-18
電話　03（5276）9492（営業）
FAX　03（5276）9674
https://shuppan.tac-school.co.jp

印　　　刷	株式会社　ワコープラネット	
製　　　本	株式会社　常　川　製　本	

Ⓒ TAC 2021　　Printed in Japan

ISBN 978-4-8132-9673-7
N.D.C. 338

本書は、「著作権法」によって、著作権等の権利が保護されている著作物です。本書の全部または一部につき、無断で転載、複写されると、著作権等の権利侵害となります。上記のような使い方をされる場合、および本書を使用して講義・セミナー等を実施する場合には、小社宛許諾を求めてください。

乱丁・落丁による交換、および正誤のお問合せ対応は、該当書籍の改訂版刊行月末日までといたします。なお、交換につきましては、書籍の在庫状況等により、お受けできない場合もございます。
また、各種本試験の実施の延期、中止を理由とした本書の返品はお受けいたしません。返金もいたしかねますので、あらかじめご了承くださいますようお願い申し上げます。

ファイナンシャル・プランナー

INTERVIEW　実務家インタビュー

ファイナンシャル・プランナーの世界

お金の"気づき"からキャリアアップへ。ライフプランを考えるツールとして、FP知識は最適です。

お金の知識が幅広く学べることで人気の「FP」資格。
資格学校に通って勉強するのが一般的ですが、独学でチャレンジする人も多いはず。
そんな人たちに向けて、独立系FPとして活躍するかたわら、TAC講座で親しみやすい人柄と
分かりやすく元気な講義が大人気の峰尾茂克先生に、ステップアップのメリットや、
現役FPから見るFP業界の"今"、さらに学習アドバイスなどについて語っていただきました。

峰尾 茂克氏　MINEO SHIGEKATSU

CFP®、1級ファイナンシャル・プランニング技能士、宅地建物取引士。株式会社THE　FPコンサルティング代表取締役(https://www.thefp.co.jp/)、一般社団法人　理想の住まいと資金計画支援機構(2016-2017年度国土交通省「住み替え等円滑化推進事業」の採択事業者)代表理事。2017・2018年度日本FP協会パーソナルファイナンス教育委員会諮問委員。2019年度から現在まで公益社団法人全日本不動産協会世田谷支部　行政担当委員兼教育研修委員。産業能率大学 客員教授。

AFP/CFP®取得は知識の
ブラッシュアップを証明してくれます

FP資格には、国家資格のFP技能士1.2.3級と、民間資格のAFP／CFP®があります。FP技能士3級はお金の知識の大切さについて"気づき"を与えてくれ、その上の2級＝AFPはキャッシュフロー表の作成・分析を通じて資金の流れを把握する"家計の見える化"を図ることができます。さらに最高峰のCFPは国際ライセンスであり、海外でも認知度・信頼度が高く、国内外ともにステータスの高いライセンスとしてキャリアアップの強力な武器になります。近年は税金や年金などの法改正・制度改正が多く、知識をブラッシュアップしていないとお客様に対して責任を果たすことができませんが、AFP／CFPには2年ごとの資格更新が必要のため、その証明にもなります。

私がFPとして独立したのは今から20年前のことです。『お金』のことを徹底的に勉強して、自分や家族をはじめ、『お金』の知識を正しく伝えることで、周りの人たちの幸せにも貢献したいと思ったことがFP資格取得の動機でした。「どうせ目指すなら最高峰を！」という気持ちで、最初から国際ライセンスであるCFP取得を視野に入れてチャレンジしましたが、取得後「同じ金額で仕事を依頼するならCFPに」というお客様が多く、CFPを取得して正解だったと感じました。

CFPを武器に"人生100歳時代"を
サバイバルする

現在の日本は"人生100歳時代"と呼ばれるほどの超高齢社会です。仮に90年の人生を3等分した場合、60歳以降の人生は1/3あることになり、この期間を

資格の学校 TAC

どうやって暮らしていくか、どれだけお金があればいいのかという高齢者の不安は切実な問題です。また、介護に対しては、私たち個人が発想を変え健康寿命延伸の工夫をすることが介護・医療費の削減にもつながります。そして、このような社会状況の変化に対応していく中で、自分のライフプランを考える際のツールとして、FPの知識は最適です。実際、私が担当する講座でも、ご高齢の方や女性の受講生が増加傾向にあります。

また、保険の見直しや金融資産の運用、老後資金計画、住み替えなどの相談役として、FPのニーズは一層高まるはずです。
講義では様々な業務の経験を活かし、テキストや書籍だけでは得られない実務的な知識をお伝えします。
皆さんには、3・2級では満足せず、AFP、さらには1級・CFPまでチャレンジしていただきたいと願っています。ぜひ、一緒に合格まで頑張りましょう！

『FP試験合格のツボ教えます！』

ツボ1 基本が重要！
3級は独学でも合格できるかも知れませんが、学習の過程で変な"クセ"がついてしまうと修正するのに時間と手間がかかります。資格スクールなどを利用し、正確な基礎知識を身につけることをオススメします。

ツボ2 不得意科目を作らない！
2級以上はどうしても6分野の中で得意・不得意ができてしまうものです。基礎からしっかり学ぶことで、不得意分野を作らないようにしましょう。それでも不得意分野ができてしまったら、最低限、基本問題は解けるように底上げを図り、あとは得意分野でカバーするようにしてください。もし独学でうまくいかなければ、迷わず資格スクールでの学習に切り替えましょう。

ツボ3 慢心しない！
私の場合、AFPは一発合格できたのですが、CFP®では6課目で一番自信のあった「不動産」で不合格になってしまい、2回目で合格できたという受験の苦い思い出があります。実は学生時代に宅建資格を1ヶ月の集中学習だけで、一発合格できたこともあって、「不動産は勉強しなくても楽勝！」という慢心がありました。どんなに自信があっても慢心・油断は禁物ですよ！

ファイナンシャル・プランナー

TAC FP講座案内

TACのきめ細かなサポートが合格へ導きます！

合格に重要なのは、どれだけ良い学習環境で学べるかということ。
資格の学校TACではすべての受講生を合格に導くために、誰もが自分のライフスタイルに合わせて
勉強ができる学習メディアやフォロー制度をご用意しています。

入門編から実務まで。FPならTACにお任せ！

同じFPでも資格のレベルはさまざま。入門編の3級から仕事に活用するのに必須の2級（AFP）、グローバルに活躍できるCFP®まで、試験内容も異なるので、めざすレベルに合わせて効率的なプログラム、学習方法で学ぶことが大切です。さらにTACでは、合格後の継続教育研修も開講していますので、入門資格から実践的な最新知識まで幅広く学習することができます。

3級

金融・経済アレルギーを解消！

「自分の年金のことがよく分からない」「投資に興味はあるんだけど、どうしたらいいの？」「ニュースに出てくる経済用語の意味を実は知らない…」「保険は入っているものの…」など金融や経済のアレルギーを解消することができます。「この際、一からお金のことを勉強したい！」そんな方にオススメです。

2級・AFP

FPの知識で人の幸せを演出する！

就職や転職をはじめ、FPの知識を実践的に活かしたい場合のスタンダード資格が2級・AFPです。金融機関をはじめとした企業でコンサルティング業務を担当するなど、お客様の夢や目標を実現するためにお金の面からアドバイスを行い、具体的なライフプランを提案することもできます。「みんなが幸せに生きる手助けをしたい！」そんな夢を持った方にオススメです。

1級・CFP®

ビジネスの世界で認められるコンサルタントをめざす！

FP資格の最高峰に位置づけられるのが、1級・CFP®です。特にCFP®は、日本国内における唯一の国際FPライセンスです。コンサルタントとして独立開業する際に1級やCFP®を持っていると、お客様からの信頼度もアップします。「プロのコンサルタントとして幅広いフィールドで仕事がしたい！」そんな志を抱いている人は、ぜひ1級・CFP®を目指してください。

FP継続教育研修のご案内

合格後も知識をブラッシュアップ！

FPの学習範囲は法改正や制度変更が頻繁に行われるため、身につけた知識を活用するためには、試験に合格した後も継続的に学習を行うことが大切です。TAC FP講座では、FPに役立つ様々なテーマの講座を毎月開講しており、最新情報の入手に最適です。さらに、AFP、CFP®認定者の方には継続教育単位を取得できる講座となっています。

2021年4月現在

資格の学校 TAC

学習メディア

教室講座

決められた日程に沿って、TACの教室で受講します。受験指導のプロである講師から情熱あふれる講義を受けることができ、疑問点もすぐに質問・解決できます。また同じ目標を持った受講生同士で切磋琢磨することにより"やる気"もアップします。自宅ではなかなか勉強できないという方には特にオススメです。

ビデオブース講座　**予約制**

都合の良い日を事前に予約して、TACのビデオブースで受講します。教室講座と同じカリキュラムで収録した映像講義を、自分のスケジュールに合わせて受講できます。一人ひとり区切られた専用ブースのため、落ち着いた環境で集中して学習できます。

Web通信講座　**スマホやタブレットにも対応**

教室講座と同じカリキュラムで収録した講義をデジタル配信。スマホやパソコン等で学習することができます。自分のペースに合わせて、24時間いつでも、何度でも繰り返し講義を見ることができ、講師にメールで質問することも可能です。スキマ時間を活用していつでもどこでも学習したい、そんな方に最適な学習形態です。

DVD通信講座

講義をDVDに収録し、テキストと共にお届けします。何度でも見られるので、復習する際にも非常に便利です。自分のペースで少しずつ学習できるので、特に忙しい社会人の方には最適です。

最新情報！ TACホームページ
https://www.tac-school.co.jp/
TAC　検索

資料のご請求・お問い合わせは
通話無料 **0120-509-117**
受付時間　月〜金・土日祝10:00〜17:00

ファイナンシャル・プランナー

TAC FP講座 お薦めコース

過去問トレーニングで万全の試験対策を！

1級過去問解説講義

WEB講座専用コースで、いつでも好きな時間に学習できます。

FP技能検定試験の本試験問題を全問解説する講座です。答えを見ただけでは理解しにくい部分も、ベテラン講師が問題に書き込みながら行う解説により、しっかりと理解できるようになります。また本講座はWeb通信講座なので、いつでも講義を視聴することができ大変便利です。定番問題の解法テクニックの習得や試験直前の総まとめとしてご利用ください。

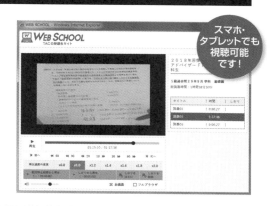

スマホ・タブレットでも視聴可能です！

特長 POINT 1
TAC講師が過去問を全問解説

特長 POINT 2
Web配信なので24時間、好きな時間帯に自由に学習可能

特長 POINT 3
試験傾向も把握でき、重要論点を中心に効率よく学習できるようになる

講義時間
約90分 /各回・各科目

受講料
¥2,100 /各回・各科目
※入金金は不要です。
※受講料には消費税10%が含まれます。

[ご注意]
お申込みはe受付（インターネット）のみです。
インターネットによるお申込みの場合には、クレジットカード決済をご選択頂けます。
e受付はこちらから
→https://ec.tac-school.co.jp

教材について
当コースには、本試験問題はついておりません。過去問題及び解答は、本試験実施団体（日本FP協会・金融財政事情研究会）のHPから無料でダウンロードできますので、ご自身でご用意ください。

○日本FP協会：
https://www.jafp.or.jp/exam/1fp/
○金融財政事情研究会：
https://www.kinzai.or.jp/fp

開講コース
詳細はTAC FP講座ホームページまたはパンフレットをご覧ください。
※講座内容および受講料等は2021年4月1日現在のものであり、予告なく変更する場合がございます。

資格の学校 TAC

AFP認定研修を修了していない2級合格者に朗報

AFP認定研修（技能士課程）

2級FP技能士合格者限定 通信講座

AFP認定研修を修了していない2級合格者に朗報

2級FP技能検定の合格者を対象としたAFP認定研修コースです。CFP®を受験するための受験資格として、AFPに登録したい方や日本FP協会の資格会員になりたい方におススメです。

教材
- FP総論（日本FP協会）
- 基本テキスト（6冊）
- 提案書作成テキスト
  提案書作成講義DVD：1枚

提案書もTACのテキストならスムーズに作成できます！

受講料 ≫ ¥23,100　※入会金は不要です。
※受講料には教材費・消費税10%が含まれます。

※上記の教材構成および受講料等は2021年4月1日現在のものであり、予告なく変更する場合がございます。

最新情報！ TACホームページ
https://www.tac-school.co.jp/
TAC 検索

資料のご請求・お問い合わせは
通話無料 **0120-509-117**
受付時間　月～金・土日祝10:00～17:00

TAC出版 書籍のご案内

TAC出版では、資格の学校TAC各講座の定評ある執筆陣による資格試験の参考書をはじめ、資格取得者の開業法や仕事術、実務書、ビジネス書、一般書などを発行しています！

TAC出版の書籍

*一部書籍は、早稲田経営出版のブランドにて刊行しております。

資格・検定試験の受験対策書籍

- 日商簿記検定
- 建設業経理士
- 全経簿記上級
- 税理士
- 公認会計士
- 社会保険労務士
- 中小企業診断士
- 証券アナリスト
- ファイナンシャルプランナー(FP)
- 証券外務員
- 貸金業務取扱主任者
- 不動産鑑定士
- 宅地建物取引士
- マンション管理士
- 管理業務主任者
- 司法書士
- 行政書士
- 司法試験
- 弁理士
- 公務員試験(大卒程度・高卒者)
- 情報処理試験
- 介護福祉士
- ケアマネジャー
- 社会福祉士　ほか

実務書・ビジネス書

- 会計実務、税法、税務、経理
- 総務、労務、人事
- ビジネススキル、マナー、就職、自己啓発
- 資格取得者の開業法、仕事術、営業術
- 翻訳書 (T's BUSINESS DESIGN)

一般書・エンタメ書

- エッセイ、コラム
- スポーツ
- 旅行ガイド (おとな旅プレミアム)
- 翻訳小説 (BLOOM COLLECTION)

(2018年5月現在)

書籍のご購入は

1 全国の書店、大学生協、ネット書店で

2 TAC各校の書籍コーナーで

資格の学校TACの校舎は全国に展開!
校舎のご確認はホームページにて

資格の学校TAC ホームページ
https://www.tac-school.co.jp

3 TAC出版書籍販売サイトで

CYBER TAC出版書籍販売サイト
BOOK STORE

24時間 ご注文 受付中

TAC出版 で 検索

https://bookstore.tac-school.co.jp/

- 新刊情報を いち早くチェック!
- たっぷり読める 立ち読み機能
- 学習お役立ちの 特設ページも充実!

TAC出版書籍販売サイト「サイバーブックストア」では、TAC出版および早稲田経営出版から刊行されている、すべての最新書籍をお取り扱いしています。
また、無料の会員登録をしていただくことで、会員様限定キャンペーンのほか、送料無料サービス、メールマガジン配信サービス、マイページのご利用など、うれしい特典がたくさん受けられます。

サイバーブックストア会員は、特典がいっぱい!(一部抜粋)

通常、1万円(税込)未満のご注文につきましては、送料・手数料として500円(全国一律・税込)頂戴しておりますが、1冊から無料となります。

専用の「マイページ」は、「購入履歴・配送状況の確認」のほか、「ほしいものリスト」や「マイフォルダ」など、便利な機能が満載です。

メールマガジンでは、キャンペーンやおすすめ書籍、新刊情報のほか、「電子ブック版TACNEWS(ダイジェスト版)」をお届けします。

書籍の発売を、販売開始当日にメールにてお知らせします。これなら買い忘れの心配もありません。

FP（ファイナンシャル・プランナー）対策書籍のご案内

TAC出版のFP（ファイナンシャル・プランニング）技能士対策書籍は金財、日本FP協会それぞれに対応したインプット用テキスト、アウトプット用テキスト、インプット＋アウトプット一体型教材、直前予想問題集の各ラインナップで、受検生の多様なニーズに応えていきます。

みんなが欲しかった！シリーズ

『みんなが欲しかった！FPの教科書』
- ●1級 学科基礎・応用対策 ●2級・AFP ●3級
- 1級：滝澤ななみ 監修・TAC FP講座 編著・A5判・2色刷
- 2・3級：滝澤ななみ 編著・A5判・4色オールカラー
- ■ イメージがわきやすい図解と、シンプルでわかりやすい解説で、短期間の学習で確実に理解できる！スマホ学習にも対応しているのもポイント。

『みんなが欲しかった！FP合格へのはじめの一歩』
滝澤ななみ 編著・A5判・4色オールカラー
- ■ FP3級に合格できて、自分のお金ライフもわかっちゃう。本気でやさしいお金の入門書。自分のお金を見える化できる別冊お金ノートつきです。

『みんなが欲しかった！FPの問題集』
- ●1級 学科基礎・応用対策 ●2級・AFP ●3級
- 1級：TAC FP講座 編著・A5判・2色刷
- 2・3級：滝澤ななみ 編著・A5判・2色刷
- ■ 無駄をはぶいた解説と、重要ポイントのまとめによる「アウトプット→インプット」学習で、知識を完全に定着。

『みんなが欲しかった！FPの教科書・問題集 速攻マスターDVD』
- ●2級・AFP ●3級
- TAC出版編集部 編著
- ■ 人気の「FPの教科書」「FPの問題集」に完全準拠の講義DVDがついに登場！TAC FP講座の専任講師が、わかりやすく丁寧な講義を展開。独学者にとって最強の味方になるDVD。

スッキリシリーズ

 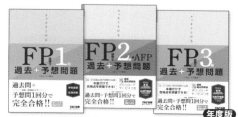

『スッキリわかる FP技能士』
- ●1級 学科基礎・応用対策
- ●2級・AFP
- ●3級
- 白鳥光良 編著・A5判・2色刷
- ■ テキストと問題集をコンパクトにまとめたシリーズ。繰り返し学習を行い、過去問の理解を中心とした学習を行えば、合格ラインを超える力が身につきます！

『スッキリとける 過去＋予想問題 FP技能士』
- ●1級 学科基礎・応用対策
- ●2級・AFP
- ●3級
- TAC FP講座 編著・A5判・2色刷
- ■ 過去問の中から繰り返し出題される良問で基礎力を養成し、学科・実技問題の重要項目をマスターできる予想問題で解答力を高める問題集。

TAC出版
TAC PUBLISHING Group

よくわかるFPシリーズ

『合格テキスト FP技能士1級』
- ●1 ライフプランニングと資金計画・リスク管理
- ●2 年金・社会保険
- ●3 金融資産運用
- ●4 タックスプランニング
- ●5 不動産
- ●6 相続・事業承継

TAC FP講座 編著・A5判・2色刷
■ TAC FP講座公式教材。それぞれの論点について、「きちんとわかる」をコンセプトに、合格に必要な知識をすべて盛り込んだFP技能士1級対策基本書の決定版。

『合格トレーニング FP技能士1級』
TAC FP講座 編著・A5判・1色刷
■ TAC FP講座公式教材。本試験対応力を養う、総仕上げの問題集。出題傾向を徹底分析し、過去問題から頻出問題を厳選。覚えておくべき論点は『ポイントまとめ』で最終確認もバッチリ。

あてる直前予想模試
＊本試験約3ヵ月前に改訂

『○年○月試験をあてる　TAC直前予想模試 FP技能士』
- ●2級・AFP　●3級

TAC FP講座 編著・B5判・2色刷
■ 本試験の出題を予想した模試3回分に加えて、頻出の計算問題を収載した「計算ドリル」や、直前期の暗記に役立つ「直前つめこみノート」など、直前対策に役立つコンテンツを厳選収載！

- ●1級

TAC FP講座 編著・B5判・2色刷
■ 本試験の出題を予想した模試3回分に加えて、最新の法改正情報や実技試験対策も掲載！直前対策はこれ一冊で完璧。

啓蒙書 ほか

『FPの極意がわかる本
〜活かし方・働き方・稼ぎ方〜
第3版』
藤原久敏 著・A5判

『女性のための資格シリーズ
自力本願で
ファイナンシャル・プランナー』
森江加代 著・A5判

『47テーマで学ぶ家計の教科書
節約とお金の基本』
矢野きくの 北野琴奈 著・A5判

年度版 マークのある書籍は、試験実施年月に合わせて年度改訂を行っています。
掲載の内容は、2021年4月現在の内容です。各書籍の価格等詳細につきましては、下記サイバーブックストアにてご確認ください。

TAC出版の書籍は
こちらの方法でご購入
いただけます

1. 全国の書店・大学生協
2. TAC各校 書籍コーナー
3. インターネット

CYBER TAC出版書籍販売サイト
BOOK STORE
アドレス https://bookstore.tac-school.co.jp/

書籍の正誤についてのお問合わせ

万一誤りと疑われる箇所がございましたら、以下の方法にてご確認いただきますよう、お願いいたします。

なお、正誤のお問合わせ以外の書籍内容に関する解説・受験指導等は、**一切行っておりません。**
そのようなお問合わせにつきましては、お答えいたしかねますので、あらかじめご了承ください。

1 正誤表の確認方法

TAC出版書籍販売サイト「Cyber Book Store」の
トップページ内「正誤表」コーナーにて、正誤表をご確認ください。

CYBER TAC出版書籍販売サイト
BOOK STORE

URL:https://bookstore.tac-school.co.jp/

2 正誤のお問合わせ方法

正誤表がない場合、あるいは該当箇所が掲載されていない場合は、書名、発行年月日、お客様のお名前、ご連絡先を明記の上、下記の方法でお問合わせください。
なお、回答までに1週間前後を要する場合もございます。あらかじめご了承ください。

文書にて問合わせる

●郵送先　　〒101-8383 東京都千代田区神田三崎町3-2-18
　　　　　　TAC株式会社 出版事業部 正誤問合わせ係

FAXにて問合わせる

●FAX番号　　**03-5276-9674**

e-mailにて問合わせる

●お問合わせ先アドレス　　**syuppan-h@tac-school.co.jp**

※お電話でのお問合わせは、お受けできません。また、土日祝日はお問合わせ対応をおこなっておりません。
※正誤のお問合わせ対応は、該当書籍の改訂版刊行月末日までといたします。

乱丁・落丁による交換は、該当書籍の改訂版刊行月末日までといたします。なお、書籍の在庫状況等により、お受けできない場合もございます。
また、各種本試験の実施の延期、中止を理由とした本書の返品はお受けいたしません。返金もいたしかねますので、あらかじめご了承くださいますようお願い申し上げます。

TACにおける個人情報の取り扱いについて
■お預かりした個人情報は、TAC(株)で管理させていただき、お問い合わせへの対応、当社の記録保管および当社商品・サービスの向上にのみ利用いたします。お客様の同意なしに業務委託先以外の第三者に開示、提供することはございません(法令等により開示を求められた場合を除く)。その他、個人情報保護管理者、お預かりした個人情報の開示等及びTAC(株)への個人情報の提供の任意性については、当社ホームページ(https://www.tac-school.co.jp)をご覧いただくか、個人情報に関するお問い合わせ窓口(E-mail:privacy@tac-school.co.jp)までお問合せください。

(2020年10月現在)